把平凡的日子过得像诗一样

翠脆生生
Cui Cui Sheng Sheng
Works

著

Wuhan University Press
武汉大学出版社

图书在版编目(CIP)数据

把平凡的日子过得像诗一样 / 翠脆生生著 . —武汉 : 武汉大学出版社，
2017.3（2022 .5重印）

ISBN 978-7-307-18954-6

Ⅰ . 把… Ⅱ . 翠… Ⅲ . 女性 - 爱情 - 通俗读物 Ⅳ .C913.1-49

中国版本图书馆 CIP 数据核字 (2016) 第 315142 号

责任编辑：安斯娜　　　　责任校对：王婷芳　　　　版式设计：郑　汐

出版发行：**武汉大学出版社**　　（430072　武昌　珞珈山）

（电子邮件：cbs22@whu.edu.cn　　网址：www.wdp.com.cn）

印刷：北京一鑫印务有限责任公司

开本：880×1230 1/32 开　　　印张：9.5　　字数：185 千字

版次：2017 年 3 月第 1 版　　2022 年 5 月第 2 次印刷

ISBN 978-7-307-18954-6　　　定价：49.00 元

Chapter 3
你可以变得更好

炼爱记 Chapter 4

Chapter 5
我们都是有病的人

Chapter 9

寻爱的影子

所谓成长

Chapter 10

把平凡的日子过得像诗一样

———————— ⟩⟩ ⌄ ⫽⫽ ————————

live every ordinary day
to be poetry

Chapter 1
爱情这个东西

　　你为了它心跳加速、面红耳赤，你为了它夜不能寐，一个劲地傻笑，你为了它在雨夜里独自哭泣，你为了它时而成人、时而成魔。它是爱情，是你我在尘世间最温暖的慰藉。

狗日的青春

许多年前，有个男生对我说，哎，你骂脏话时候的样子挺好看的。我愣了一下，搞不清他到底是夸我还是骂我。他真诚地微笑着说，真的，我喜欢听你骂脏话。那时，我们都还年轻，年轻到称呼对方为男生、女生，生气的时候偶尔骂脏话，高兴的时候走在校园里立刻能高声唱歌，林阴道上人来人往，夏天的汗味里都透着青春透明的光。有个已经上班的姐姐来我们宿舍，她羡慕地对着我们说，青春，真好！我奇怪地问，你也还小呢，才21岁。她像历经沧桑一般淡淡地摆摆手，你以后会明白的。

毕业后，我在某个巷子租了房子。房东住在楼上，我们住在楼下的小房子里，说小，里面仅仅可以摆一张床和一张小桌子。那年冬天，北风呼啦啦的，洗脸得从屋外的水龙头里接水，天寒地冻，水管一不小心就冻住了。男房东要是在家，就会端出一盆热水来把水龙头浇开，可人家要是不在，我只好用毛巾蘸点储存的冷水把脸随便擦一擦就去上班。肚子咕咕叫，走三站路的距离，有一家拉面馆早上9点之前吃面送小菜和鸡蛋，我冲进去抢一个座位呼噜噜地吃面喝汤，走的时候还连着喝两碗面汤，争取把胃里剩下的空隙也填满。年轻的胃总是填不满，一碗拉面很快就消化了，似乎有几头狼在肚子里前赴后继地奔跑。老板承诺的工资迟迟不发，下班时，正好见到表妹买了馒头站在路口。她也是来省城打工的，在一家食品店当导购，她问我吃了吗？我不好意思说快没钱了，勉强笑了笑，摇摇头。她对着馒头努努嘴，意思让我吃一个，雪白的馒头蘸着辣酱，我馋得口水都流下来了，尽管忍着，还是一口气吃掉了一个半馒头。那时最大的愿望就是有一天有了钱，想吃几碗拉面就吃几碗，让肚子被温暖的食物填满，胀鼓鼓的，幸福地躺在床上打嗝。

我号称是中文系毕业，却四体不勤，五谷不分，不会校对，不会排版，不会采访，电脑并不精通，文字并不老练，不知道自己能做些什么。羡慕房东能在省城有属于自己的房子，心想，如果有一天自己能在这座繁华的城市里有一套小房子，暖暖和和的，哪怕是买一把挂面，用清水煮了，吃在嘴里也是香甜的，起码睡在自己的床上可以舒展自如，不用担心第二天看房东的脸色。那时，觉得青春虚无缥缈，无非是脸上的青春痘起起伏伏，来了走，走了又来。我站在商场明亮的玻璃窗前，看着漂亮的衣服艳羡不已。后来，进了报社，早出晚归，每一分钟都恨不得发生什么大事能让我抢着报道，也好发个头条，这个月的工资就可以安稳地收入囊中。再后来，到了杂志社，我的文字已经可以打动挑剔的主编。我想，再给我一点时间，我好好会会朋友，好好谈谈恋爱，回味一下青春的滋味。我想，无论何时回头，青春都会在原地等我。

我步履匆匆地在春夏秋冬中奔走，习惯了烫发，习惯了化妆，习惯了不是家就是单位的枯燥生活，习惯了岁月荏苒。

仿佛一夜之间，人到中年。要在父母面前做个好女儿，孝顺他们，照顾每一个人的心情，要做丈夫的妻子、儿子的母亲，蓦然发现，没时间做自己！终于有钱买依恋的衣服了，淑女屋也行啊，可身材走样了，青春远去了，留给我的只是默默忧伤。有人说，中年是个卖笑的年龄，要看上司的脸色，要看家人脸色，要顾全每一个人，唯独没有自己。而我只是遗憾，懵懂的年纪、心智未开的年纪，青葱少年里的清浅和明澈，在我懂的那一刻其实早已悄悄远走，青春当真是用来回味的？

不知何时，褪去年轻时毛躁的样子，不再莽撞和冲动，不再意气用事，不再肆意大笑，亦不再轻易流泪，悄悄地把自己罩在隐形的面具中，成熟了，却也失去了爱的澎湃。我有钱了，可以买很多白馒头，想吃几个吃几个，可以天天吃拉面，想要几碗要几碗，可是，胃已不再年轻，没有了当初强大的动力，吃不下那么多食物了。当初为了友谊和爱情在暗夜里哭过、笑过，现在即便再煽情的画面，都淡淡的。当初看腻了的校园，如今在记忆里满是温馨的色调；当初吃过的娃娃头雪糕，而今是最美味的青春记；当初拒绝过的人，回想起来竟也不是那么讨厌；当初肆无忌惮地真实活着，现在才知道什么叫真实……狗日的青春，为什么失去之后，我才懂你？

孤独症患者

年过三十以后，周身似乎罩了一层坚硬的壳，难得有什么能触动内心柔软的地方，不再勉强自己取悦一些人，做一些事，开始怀旧，喜欢到学校周围走走，于是，参加了几次同学聚会，谈笑风生间追忆往昔岁月，彼此都很愉悦。郁葱是那时的校花级人物，她却三番五次都请不来，有人说，算了，人家不愿意跟咱们接触，不勉强。

学生时代的郁葱喜欢穿棉布长裙，齐耳短发在阳光下闪闪发亮，她有洁白的牙齿、腼腆的笑容，眼珠灵动。很多年未见，我一心想和她好好聊聊，就四处打听她的电话，拨过去的一瞬间，内心澎湃不已，我想问问她，哎，亲爱的，最近这些年在哪里？嫁了什么人？有孩子了吗？快乐吗？胖吗？要减肥吗？喜欢吃火锅吗？哪天一起吃个饭聚聚嘛……可电话无人接听，耳畔响起的是空洞的嘟嘟声。我有点失落，隔了一个小时再打过去，已经关机。我猜，她大概是看到陌生人的电话不愿意接，又很不甘心地发了短信过去说明自己的身份。过了很久，郁葱终于回复了，简短的几行字，说晚上要给孩子辅导作业，不方便聊天……偏偏我是个死心眼，追着问，那明天行吗？后天行吗？又隔了很久，她发来短信：不好意思啊，最近真的非常忙。

我总算彻底明白了她的意思，偃旗息鼓，坐在沙发上喘着粗气。也许，自己笃定的友情在对方眼里早就风轻云淡，何苦呢？至此，我再也没和她主动联系。

可有那么一刹那，生活在城市的钢筋水泥中，孤独感会阵阵袭来。那天下班后，我揉揉干涩的眼睛，走在喧闹的人群中，忽然感到寂寞：母亲的病情时好时坏，孩子成天闹腾，我和他忙碌到没有时间去想想爱情，想找个人好好聊聊，说说女人的心事，谈谈曾经的文学梦，竟不知该找谁。

哎呀，你亲自来买菜啊！

从市场出来，云笑眯眯地在前方冲我挥手。

云是我大学同学，长相出众，嫁得很好。此时，我左手提着包，右手拎着菜，面容疲倦。听到她的话，不禁苦笑，是啊，我不买菜谁买啊。

啧啧，你这裙子料子不太好啊！瞧你，都一把年纪了，连妆都不化。女人啊，还是得对自己好点哟。云对我上下打量一番，莞尔一笑。

我一向还算重视仪表，只是这些天疲惫不堪，疏于打理，此时被她一番抢白，本就不佳的心情更是平添几分酸楚。原本多年未见，还是有几分想念的，她却连珠炮似的时刻提醒我现在的境况，我忍不住说，我哪里比得上你出入有豪车相送，穿的都是高档货啊。好了，我要回去做饭了，回聊。

说完，我拔腿就走。走了几步，我忍不住回头，云还站在市场门口发呆，似乎在想着什么。恍惚间，想起她欲言又止的神情和眼底一闪而过的忧伤，我怀疑她是不是有什么话想对我说。

晚上，同学军子在微信上对我说我，云要走了你的电话，说要找你聊聊。听说她和婆婆的关系闹得很僵，日子过得也不太好……

我想，云和我一样，也许都在某一刻感到孤独，想找个人倾诉一番。她能想起我，证明曾经的青葱岁月在彼此的记忆中都是温暖的。我连忙给云发了微信：你这些年过得如何？哪天一起坐坐，聊聊呗。

过了一会，她回复道：还不错。好，有空联系。

看到她公式化的回答，我明白，只是转身的距离，我们就选择了关闭心门。

上周，郁葱忽然在微信上发出邀请：在吗？周六有空吗？一块儿吃个饭？我在德隆楼订好位子了，很多年没见，想和同学们聚聚。

倘若从前接到她这样的邀请，我必然欣欣鼓舞，可如今，熟悉的陌生人，说点什么好呢。我给同学军子打了个电话，问他接到郁葱的邀请没有。军子呵呵一笑，说，从来不联系，一起吃饭不会是有什么事情吧？我周六要去丈母娘家，就不去赴约了。我又打电话给同学秀丽，秀丽也是呵呵两声，淡淡地说，我和郁葱上学时候就关系一般，不知道她为什么忽然请我吃饭，无事献殷勤啊……

左思右想，我也决定不去了！周末家里来了客人，忙乎着洗水果、买菜、做饭，送走客人之后，看看时间，忽然想起郁葱请客的事情。打开微信一看，她发来好些照片：一整桌子的菜、红酒、白酒、饮料、酸奶、花生、瓜子，最后还留给我一条语音消息。不知为什么，望着图片上丰盛的菜肴，我的心空落落的，点开语音消息，郁葱略带沙哑的女中音立刻窜入耳朵里：翠翠，今天晚上你们一个人都没来，我心里挺难受。这些年我过得不太好，所以不愿意和你们联系。最近离婚了，心情更糟，想主动请一回客，见见大家。也许大家都是成年人了，想得也多，也许我以往冷落了大家，也许是别的什么原因，这场饭局居然成了我一个人的独角戏。少年心事当拿云，谁念幽寒坐呜呃。如今，我们都长大了，世故了、坚硬了、圆滑了，会比较了，也淡漠了……

什么，她离婚了？军子很惊讶，早说嘛，我肯定赴约，去安慰一下。

就是好面子，都是同学嘛，聚一聚很正常。从来不和我们联系，第一次联系就请客吃饭，谁敢去啊！秀丽嘟囔着。

我的心在火上炙烤着，撕裂一般的疼，郁葱悄悄地退出了同学群，微信上也不见了她的消息……

那天，我们要是一块去赴约，热热闹闹地吃吃喝喝一番，会不会更好？内心有一个声音回响着。

蓦然，想起那年的夏夜，郁葱说，嗨，我恋爱了。

舌尖仿佛流淌着当年校门口卖的橙汁酸甜的味道，郁葱说，我有个秘密告诉你，你千万别告诉别人。

那一年，郁葱在光影里骑着自行车嫣然一笑，像一朵盛开的百合花。

那一年，我们有共同的秘密，我们有一样奔涌的青春。

……

年少时，渴求世上每一个人都懂我，莽撞地去爱、懵懂地前行，敞开心扉去接纳每一个人。后来，受了伤，流了泪，默默地缩在一个壳里，戴着面具向前，谁也不知道自己的心事，因为不愿意告诉任何人。或是相爱的，或是相惜的，在心房的一开一合中，悄悄地走，又悄悄地来了。在柴米油盐中，我们不停追逐，想要大房子、好车子……疲倦时，想找个朋友坦诚相见，潜意识里，又拼命证明自己过得很好，心门打开的同时又关上！于是，我们在车水马龙的城市里忙碌着，孤独着！只叹息一声，这世界多么纷繁……

昨天的少女

无意中看了一部老片子，大意讲的是：母亲节到了，父亲为了让母亲休息一下，特意带着孩子到公园玩。母亲兴奋地给闺蜜打电话，说自己终于有时间出门了。放下电话，她洗了一大盆衣服，又熨好女儿的裙子，整理屋子，擦地板，收拾厨房，等一切都忙完了，她坐下来喘了口气，给自己泡了杯咖啡，吃了块点心，临出门时，想起儿子的玩具坏了，于是又坐下来修理。这时，父亲带着孩子们回来了，大家都问，母亲节过得好吗？母亲无奈地耸耸肩！

公园为母亲节的到来特意布置了漂亮的盆景和花儿。

那儿的炸鸡好吃极了，母亲节有优惠。

……

孩子们七嘴八舌地议论着，母亲忽然有点黯淡，父亲安慰说，我们下周一起去玩吧。

结果，下周末一家子出去时，母亲节布置的场地都拆了，炸鸡店的优惠也取消了，一切都显得索然无味。

……

看这部片子的时候我正躺在沙发上，屋子里一片狼藉。我泡了一壶八宝茶，桌子上放着切好的牛蹄筋、脆皮梨、一大串葡萄，屋子里安静极了。某人带着熊孩子出门时特意回头，笑着说，我们俩走了，你可以享受一个人的世界了。

从孩子出生起，世界就变得忙碌：冲奶粉、洗奶瓶、拿尿不湿、洗衣服、做果泥……孩子的哭闹声、洗衣机的轰隆声、洗奶瓶时的刷刷声、做饭时的当啷声、一个不小心勺子掉在地上啪的一声、两人转身时差点撞上时的相互尖叫声，周围各种声音此起彼伏。我发疯似的想念从前，一个人坐在灯下静静看书写作的时光。可是，孩子来了，我必肩负起自己的使命，势必放弃某些快乐。好像不经意间，我的笑容少了，心脏被焦躁不安包裹着，内心的怨气成长为一大片草原，一万匹草泥马奔腾而过。我对着镜子发呆，从前那个平和、清凉的女人哪里去了？一张内分泌失调的脸昭告天下，她不快乐！记得婚前，我言之凿凿地说，最讨厌女人唠唠叨叨，一脸怒气，没完没了。在短短的一年时间里，我几乎要成长为自己最憎恶的模样了。

青葱年华时，一点简单的事情就足以带来巨大的快乐。于冬日煦暖的光线里到校门口去买个热热的烤红薯，租几本言情小说，打一壶开水，躺在宿舍的床上投身到霸道总裁追爱的环节中不能自拔。窗外寒风呼啸而过，世界与我何干的恬静令人幸福到不能自已。看书到下午，泡一包方便面，来点榨菜，吮吸酸辣爽口的汤汁，把筋道的面条放入口中，唇齿生香。或者，拿上学生证到礼堂看一场老电影，才花 5 块钱，买一袋爆米花坐在明暗交替的幕布前咯吱咯吱地嚼着，度过一下午美妙时光。

越长大，快乐的时间越短。一餐美食、一件新衣、一笔意外的稿费……少女时期澎湃的心投身人间烟火之后，山河岁月空惆怅。仿佛才知道，饭要煮，菜要炒，马桶坏了要修，水果没了要买……年少时憧憬过的王子与公主的故事顿成泡影，原来所有的故事到王子和公主从此过着美好的生活就结束是别有洞天：王子会发火，公主会便秘，他们也会更年期。而我们，要在平淡岁月里执著地活着，要面对生活的无理、残酷、矛盾、挣扎，要自我调节，要重新学会快乐的本领。

有人说，女人只有成为母亲，生命才完整。我呸，我说，女人成为母亲之后，才知道这世界多薄情：生育之后带来的产后抑郁、气血不和、盆腔积液乃至永久的子宫伤口，多少衰老和无力感得自己默默消化，努力健身、克制自己的口舌之欲，尽快恢复身体和心灵因为生产而带来的衰败感，要多拼命才能坚持到孩子上幼儿园才会松口气？生命确实完整了，从前的花前月下，你侬我侬，不谙世事，乃至云淡风轻，都在孩子来临后带来全面爆发的矛盾，成为母亲之后，经历了所有的鸡零狗碎，才彻底明白，在这薄情的世间，要很努力，才会深情款款地活着。

上学时，有个女同学总喜欢把扫帚放在虚掩的门上。这样，推门而入的人一不小心就被从天而降的扫帚打在头上，哎哟一声。她总会在第一时间跳出来咯咯笑个不停，完全不顾我们谴责她这种做法简直无聊透顶。后来想起，感到自己就像个世俗的大人，带着自己无理的价值观强行扭曲他人简单的快乐。就像我看天线宝宝，几个宝宝做一模一样的动作，说一模一样的话，白痴兮兮地走来走去，我真不知道有什么意思，但我家的小朋友却看得津津有味。婴儿的笑容纯净，因为未经世事的浸染，年少的快乐简单，皆为那颗心还无邪透明。而我，蓦然回首恍然发觉青春是那么美，多少少年时积压在内心的伤口，居然随着时光的流逝慢慢平复；多少当年认为不可原谅的人，如今想来竟也憨厚可爱；多少的刻骨铭心扔在时光里逐渐淡然，以为会成为生命中过客的人，却悄然驻守……

努力微笑吧，快乐会找上爱笑的女人。不想笑？难道你想变丑吗？ 30 岁以后的容貌可是得靠后天修炼哟，一位国外的整形医生告诉大家，皱眉时需要调动脸部 33 块肌肉，而微笑时仅仅需要 13 块！

笑着笑着，线条就会变得明快，微笑因子就会从脚底升腾到全身，包裹每一寸肌肤。笑吧，活在这烟火人间，与其怨天尤人、满脸怒气，不如多笑笑，笑靥如花地行走在柴米油盐间。

能让别人有所图，也是一种幸福

当我还是喜欢言情小说，头发上扎着蝴蝶结的少女时，总认为爱情应该是海誓山盟、风花雪月，是单纯的、发自内心的喜欢，喜欢就是喜欢，不需要任何理由！懵懂的爱意从心海深处泛起，会脸红、会心跳加速、会咯咯傻笑……火花四射又冰雪般透明的爱情，怎能和金钱、阶级等世俗的东西沾上边呢？

渐渐年长，在爱情里挣扎过，颓唐过，才慢慢明白，其实，喜欢一个人，肯定是有原因的：他帅气的面庞或者矫健的身姿，他明亮的眼神或者灿烂的笑容，又或者他渊博的学识，等等，一定是他身上的某一点在闪闪发亮，像夜空中的星星，吸引着你的目光，让你不由自主地想靠近。

小芬对我的观点非常认同，她嘻嘻笑着说，爱情中的两个人，基于相互吸引和欣赏，才能更好地融合在婚姻里。在两个人的相处中，要先想一想，你的哪一些特质在吸引对方，你能为对方带来什么。都说好的婚姻是成就更好的彼此，是一所好的学校，那么，在这所学校里，你能教给另外一半些什么呢？踏实的苦干精神还是不懈的上进心？豁达的人生观又或者是灵活的处事方式？有什么样的特质才能吸引伴侣告别单身，和你跳进婚姻的围城中还甘之若饴呢？

　　小芬工作稳定，面容姣好，却一直没有觅得如意郎君。小芬妈四处动员亲朋给小芬介绍对象，逼急了，小芬说，结婚这种事，要么图钱，要么图人，要钱没钱，要人没人，就想让姐嫁给他之后生孩子、照顾老人，以为姐是活雷锋啊！　小芬的爸妈早年在街边摆摊修鞋，这几年已经租了独立的铺面，生活也算稳定。可找对象的时候，对方一问，你爸妈是做什么的？回答，是修鞋的！多尴尬，多没面子。我对小芬说，你傻呀，下次别人问，就说有家族企业，将来说不定辞职不干帮忙打理家里的生意……小芬一脸惊诧地说，怎么好意思啊！说归说，又有人给她介绍对象时，对方听说女孩子家里有自己的店面，欣然表示可以继续交往。

　　这次介绍的男孩工作很好，收入颇丰。小芬偷偷到对方单位考察过后，表示这一次想认真交往。男方找了介绍人，又要了生辰八字后就没了音讯。我郁闷地给介绍人打电话问原因，却是因为男方打听到小芬父母是修鞋的，所以……　小芬心灰意冷，再也不想相亲。半年后，忽然得到小芬订婚的消息，原来男朋友是小芬在父母修鞋的店里认识的。男方一点都不介意小芬父母的职业，更是喜欢小芬的端庄大方。小芬笑眯眯地对我说，我图他乐观、幽默，他图我漂亮、能干；能让别人有所图，也是一种幸福。两年后，在街上遇到抱着孩子的小芬。小芬妆容精致，身材窈窕，我"哇"地一声赞叹道，辣妈啊，生了娃还打扮得这么好？小芬嘻嘻笑着说，女人要对自己好一点，才会有魅力让别人对你好。我可不想成为黄脸婆，让别人来住我的房、睡我的床、用我的老公、打我的娃！如果你又黑、又胖、又丑，还刁蛮任性，毫无爱心，还有人爱你爱得死去活来，手捧鲜花和钻戒求你嫁给他，那个男人肯定是疯了！

　　我一阵大笑，回家的路上禁不住想：无论爱情还是婚姻，确实要让人能图你点啥才好。

爱情这个东西

一中门口的果园被一幢楼房代替，从门口望去，校园东头的小花园也不见了踪影。兴桃定定地站着，夕阳的余晖把一层金色镀在不远处的教学楼上，影像朦胧中，又似回到从前。

小花园里有两棵高大的苹果树，苹果花藏在茂密的枝叶里，羞涩得像是兴桃的脸。兴桃是个沉默的姑娘，小倩却说，桃子，你笑起来的时候真好看。兴桃不常笑，她沉默地上学、放学、回家。那日早操时，小倩在身后胳肢她，兴桃边跑步边回头一笑，刚想说，别闹了，老师看着呢。恰好有风吹过，苹果花散落在发间，一位白衣少年站在白杨树下，竟也宁静地一笑，兴桃的眸子触碰到他的笑脸，瞬间，脸就红了。他的牙齿洁白，笑容明媚，像湛蓝色的海水，铺天盖地朝她席卷过来。兴桃低下头不敢再看他，不知为什么，脚底有些发软，脖颈处丝丝炙热的温度一点点蔓延到全身，她买了早餐回到班里时，那少年却已经歪着头立在窗口，仍旧冲她顽皮地一咧嘴，似乎在说，嗨，你逃不掉了。

石力后来说，那天见到兴桃时，他是迟到了被罚站呢。兴桃在苹果树下回眸一笑的样子他永远都不会忘掉，黑亮的眼珠，清丽的笑容，他的心脏顿时怦怦加速跳动起来，一见钟情肯定是这个样子的！他这么说时，兴桃不免哧哧地笑起来。她问，我笑起来有那么好看吗？石力用力点点头，有，好看极了。然后，两人一起笑起来。

每个人的青葱年少里都或许会遇到心仪的对象，说不清在内心激流涌荡着的是喜欢，还是爱情，某时某刻，对方的眉眼变得俊朗，就连嗓音也分外动人，在夜深人静时偷偷幻想着将来。将来，多么遥远的字眼。

兴桃为了和石力多见面，找借口说住校可以更好地上晚自习，才能提高成绩。其实，她的成绩已经很好了，可父亲依然应允了她住校的要求。她痛经时，石力贿赂女生宿舍楼的阿姨，给她炖暖暖的红糖水送来，有一回晚上，兴桃下了晚自习说想吃过桥米线，石力毫不犹豫地翻墙出去买米线给她。那时，学校管得很严，不许谈恋爱，不许留长发，下了晚自习后，十点熄灯，不仅楼门要锁，学校的大门也要锁上。热乎乎的鸡汤里放入筋道的米线，再来一串金针菇、香菇、木耳，兴桃一口接一口，连声说好吃，石力笑着说，慢点，下次想吃我还给你买。

不知站了多久，兴桃的鼻子有点发酸，她给石力打了无数个电话，永远都是嘟嘟的声音，发了无数条短信，永远接不到只言片语的回复。小倩说，他妈的，石力他以为自己是谁啊，你家那么有钱，你又从国外留学回来，最重要的是你这么多年就喜欢他一个人，哪一点配不上他？混蛋，王八蛋！他一个没考上大学的落榜生，一个臭打工的，牛气什么啊，还不和同学来往，竟然和你也断绝来往了，等着，我发朋友圈非找到他。兴桃原本满是酸楚的心在小倩的怒火里得到些许的安慰，她低声说，别，也许他……她想说，也许他不爱我了，却说不出口，这么多年，爱这个字眼好像深入骨髓，但始终无法说出来。

小倩和一帮同学把兴桃拉到饭店吃了饭，又去唱歌，从不喝酒的兴桃酩酊大醉，她回到酒店躺下，耳边突然飘来小倩的话，他家住在凤凰花园三区……兴桃挣扎着起身，到楼下打了个出租车就直奔石力的住所而去。她打电话，他还是不接，她站在清冷的夜空下啜泣，我在你家楼下！两秒钟后，电话被挂断，石力顷刻出现在她面前。他的下巴上有淡淡的胡须印记，身形还像从前那样修长，两人愣了片刻，兴桃哭着奔到他怀里。他用力抱了抱她，随即松开，问，你喝酒了？她点点头，忽地就翻江倒海吐了起来，他沉默片刻，递上纸巾，冷淡地说，我已经结婚了，有了孩子，过去那些事就别再提了。回去找个好人嫁了吧。

你，你为什么呀！兴桃泪眼婆娑地问了一句，就再也说不下去，她是骄傲的，以至于这么多年，她深信他会等她，从没问过他为什么突然不再联系。夏夜的寂静里，兴桃的记忆似乎只停留在那一秒，石力抱着她走到小区门口，打了车到酒店，她的耳边还留着他若有若无的叹息声，这一切都已时过境迁。后来，她听说，石力其实一直潜伏在班级群里，知道她回来，知道她和小倩他们聚会，知道她住在某个酒店。

兴桃回想起自己大半夜跑到人家楼下胡闹，甚至还想花钱雇人打听到他妻子的电话，甚至想不顾一切地求他别放弃自己，还形象尽毁地酒后吐得一塌糊涂，她站在浴室里，呆呆地盯着莲蓬头里洒出的水花，眼泪簌簌地流了下来。洗漱之后，她迅速逃离了这座城市。曾经惦记某个人把它放在内心最柔软的地方，而今，父母早已在另外一座城市生活，这座城市对自己已没什么意义了。三年之后，她结婚生子，望着牙牙学语的宝贝，身边深情款款的男人，兴桃的内心莫名升腾起一个想法，找到石力，让他知道自己今时今日的幸福，谢谢他当年放弃自己。这个想法让她无端生出快感来，于是撒谎说高中同学搞一个聚会，一个人只身前来。

小城仍旧是当初的模样，窄窄的街道，灰突突的天空。兴桃到了凤凰花园，打电话给石力，对方却是一个陌生人，说从来不认识一个叫石力的人，问保安，也说不认识。她索性在微信里问一位本地的同学，那同学似乎晓得兴桃和石力的一段过往，当即打来电话说，石力啊，他妈妈早些年得了胃癌，他考上大学又放弃了。这小子真是个孝子，到处给他妈妈看病，老人一直活到现在，不容易啊。他妈妈去年去世了，家里因为给老人看病，折腾得一穷二白，他带着老婆回镇上住了，听说摆了个水果摊……兴桃忘了什么时候挂断的电话，她的眼泪不停地流出来，早上精心化的妆，原准备以最好的状态来面对他，让他后悔，此刻，妆花了，她的手发抖，伸手拦了一辆出租车就往小镇而去。

桃子，我家老房子后面有一片油菜花，春天的时候特别漂亮。以后，我带着你回去住，养条狗，养一群鸡……石力歪着头微笑的面庞清晰如昨，一晃却已过了这么多年。兴桃咬着嘴唇，想起那年，他低沉的嗓音，桃子，我没考上大学，让你失望了，我们分手吧。她哭着紧紧抱着他，说不介意他考不上大学。石力笑着说，要是我能给你好的生活，就一定娶你，谁也别想和我抢……她的心剧烈地疼着，下车之后，对着陌生的小镇不知所措，随口问一个人，我想去看个亲戚，到哪里买点水果呢？那人呵呵一笑，外地的吧，喏，前面就是农贸市场嘛！

刚到市场口，就听一个男人朗朗的声音响起，这苹果特别甜，放心，来两斤吧？她慌忙躲到墙后，偷眼望去，他微微发胖，脸上沟壑纵横，发间居然有了花白的颜色，只有眼睛，黑漆漆的蕴着一潭深水似的，依稀还能见到当年那位少年的模样。她默默流着泪，想冲上去问他，你以为我兴桃是什么人，不能和你一起共患难吗？你凭什么不等我，凭什么不娶我，凭什么单方面做了决定？胸口无数质问拥挤着，兴桃口干舌燥的，又一想，何必再问，索性离开吧！却一不小心踩在一颗大大的石子上崴了脚，啊哟一声，石力就窜了过来，他问了句，你怎么了？话一出口，见是兴桃，当即愣在那里。

兴桃抬起头，看他又想上前又缩手缩脚的样子，不由得来气，大声说，还不快点来扶我。哦！石力的手粗糙且有力，他囔地扶起她，又轻轻帮她揉搓脚踝，小声问，没事吧？要不要去医院？

你，你为什么不告诉我？兴桃憋着一口气，问。

石力沉默着，气息粗重。半晌，说，你都知道了。

嗯。

呵呵。

说呀，兴桃急了。

你吃饭了没有，这边有一家酸辣粉很好吃，还有那个，南瓜饼也不错。石力搓着手，积极介绍着。

你！兴桃生气了，伸手拦住一辆出租车要走，却被石力一把拉住，他结结巴巴地说，桃子，你别生气，你等我一下再走，求你了。望着他小心翼翼的样子，兴桃不由心软了，几分钟的时间，石力飞快地提着个袋子放到车上，苹果特别好，又脆又甜，你多吃点。

兴桃原以为他会说点很煽情的话，解释当年的事，没想到他提了一袋子苹果过来，她的眼圈顿时红了，坐在车上毫不犹豫地对司机说，到省城。

在车的后排座椅上，兴桃哭了一场又一场，发誓把石力这个

人从脑海中彻底删除。哭着哭着，她小睡了一会，醒过来时，听到司机说，到了。

回到宾馆，兴桃订好票准备去机场时，她看看袋子里的苹果，叹了口气，刚想提起袋子把苹果送给宾馆前台的小姑娘吃，就见袋里有一张纸条。

桃子：你最终还是知道了，对不起。怎么能让你嫁给我之后就是照顾老人、操持家事呢。再说，你不喜欢做饭，也不懂得怎么照顾别人，你还是个孩子，你的天地在外面。你这个倔脾气，只有我放手，你才会找到自己的新生活。

兴桃呜呜咽咽地哭了起来，她喜欢购物、旅行、摄影，唯独不喜欢在家里做饭、洗衣，他终究是最了解她的。原以为自己是被辜负的那个人，可爱情，只是换了个名字，他的放手仅仅为了她更好。少年时，肆无忌惮地去爱，成年后，却拼命地克制。爱与不爱之间，无可奈何地长大，在尘世间奔走。以为会铭心刻骨的人，在岁月里淡忘了眉眼；以为是匆匆过客的，却终老在他的身边。

把平凡的日子过得像诗一样

———— \\ ∨ // ————

live every ordinary day
to be poetry

Chapter 2
结婚到底为什么

　　放下自由跳进婚姻的围城，只是想和你一起从梦中醒来，嬉笑打骂。亲爱的，原来我们都没有想过吃过饭之后谁洗碗，谁扫地，没有想过怎样把柴米油盐镀上一层金色。

姑娘，你大胆地往前走

逛街时，听到有人在身后喊我，回头，是一张似曾相识的面孔。见我发愣，笑盈盈的小个子姑娘哈哈大笑拍拍我的肩膀，说，我是凌静！

啊，是静静啊，看我这眼神……一番寒暄之后，凌静约我晚上吃饭叙旧。

夏风习习，脑海中关于凌静的画面不断跳跃出来：在我们都还埋头苦读，为学习成绩苦恼时，凌静就是个非常有主见的姑娘，她初中毕业就上了中专学校想做幼师。去幼师学习了半年，敏锐的凌静发现只有上高中、上大学才能有更广阔的天地，她果断说服父母同意她从中专退学回来继续上高中。高中毕业后，凌静又以自考生的身份去了某个大学。大家都说，凌静上辈子估计是哪吒变的，真闹腾，安静的生活难道不好吗？那时，我虽然不喜欢高中生活，可因为学习成绩不好，自卑且懦弱，根本不敢提出任何要求。我最勇敢的事情就是告诉母亲，要去省城的宾馆当服务员，被臭骂一顿后就安于天命，准备高中毕业之后再说。凌静是我羡慕的对象：她和喜欢的男生大胆地相互通信，她自信且美丽，她的嗓音甜美轻灵，她拥有自己生活的全部主导权。

你别和凌静走得太近，她会把你带坏的！母亲严肃地警告我。

我不知道母亲口中的坏指的是什么，只听母亲絮叨，一个女孩子整天不学好，随心所欲地由着自己的想法生活，不知道她父母是怎么想的。

我也奇怪凌静的父母为什么可以允许她主导自己的生活以及未来呢？

凌静笑眯眯地说，我爸爸说了，我自己的事情可以自己做主！每次决定的时候，他们让我想好，然后签保证书，按手印。

哈哈，你们家真民主啊！

当时的我甚至连上文科还是理科这种事都要听父母的话，对于凌静像个大人似的生活充满了羡慕。

凌静自从去某大学上学后，我就渐渐失去了她的消息。

我坐在沙发上热切地回忆着青春里的片段，给云打了一个电话，询问凌静的事情。

凌静啊？我妈妈和她妈妈是同事，对她的事情听说过一些。一点都不安分守己，三十多岁的人了一点都不成熟，你知道吗？她竟然去厨师学校考了二级厨师证，哈哈，好像还准备学美容美发，我的天啊，她爸爸可是大学教授呢，丢人！哦哦，对了，我还没告诉你呢，她谈了个老男人，这次回来就是准备结婚的。她妈妈死活都不同意，哭天抹泪的……

放下电话打开微信时，正好见到凌静发的几张烤面包的照片，面包被做成了玫瑰的造型，看上去松软且香甜。我毫不犹豫地点了赞，并且评论道，我早就想学烤面包，被柴米油盐拖拽得根本分身乏术。凌静立刻热情地回复，有了爱好，就行动起来啊，别成天抱怨没时间，可以到美食网站一点点学起来。要不，我哪天来教你一步步做，不难的。

不知为什么，我的嘴角漾起笑容，周身被一种甜滋滋的美好包裹着：许久以来，我们都被一个固定的模式套着，在规定的时间内上完中学、上大学、谈恋爱、结婚、生孩子！然后过着柴米油盐的生活，大部分人的娱乐项目是打麻将、唱歌，等等，按部就班的生活成了常态，偶尔有人不按常理出牌就会被认作是异类。就连小孩子，少年老成型的也普遍受欢迎，大家都会赞叹，这孩子真乖，像个小大人嘛！潜意识里，我们认为，什么年龄做什么年龄段的事情，到了五十岁就应该去跳广场舞，到了六十岁还活得有声有色，还化妆，还年轻得像刘晓庆一样，那一准儿是老妖精。而我，由衷地喜欢凌静，她摆脱了世俗的桎梏，在做自己！

饭局上，凌静领着她的男友有些局促地来到我们面前，浅笑着说，这是我的他……

老男友其实不算太老，比凌静大 8 岁，资产丰厚，两人在一次自驾游的途中认识，一见如故。云悄悄地对我说，凌静肯定是图这个男人的钱！我笑了笑，说，就是看着成熟点，其实也不算太大。云丢给我一个白眼，再没说话。

吃完了饭出来，准备告辞回家，凌静拉着我的手，突然低声说，为什么大家都还是从前那个样子呢？我陪着他一起创业时的艰辛没人提起，他为我大半夜熬姜汤的那层温暖无人知晓，我们一起恋爱的那些时光也没有人询问，都在最初就断定我是图他的钱！

我刮刮她的鼻子，笑着说，大家都按部就班地过柴米油盐的琐碎日子，闷到极点，就你鲜活靓丽不和别人一样，我们能不羡慕妒忌吗？呵呵，别放在心上，男朋友不错，很踏实，我看好他。

回到家，我给凌静发了一条短信：姑娘，你大胆地往前走，这世界，做自己最难得、最畅快！

女神卸妆以后

全家族的人都知道永军喜欢美女，这小子见到前凸后翘、明眸善睐的美人儿就两眼放光、浑身发软。有一次他给我发来一张女明星的照片，随后还有无数个眼冒红心的小人儿。我嘲笑他，这女的锥子脸、鼻子里的假体都能戳人，乳房简直就是两个大篮球，一看就是人造美女，瞧你这点出息！他不以为意地说，这种女人才能勾起男人的欲望，……你那是妒忌！

转眼间，永军就追到一枚大美女准备结婚了！

中午参加完永军的婚宴回来，一肚子的欢喜，这家伙追了雅菲3年，终于抱得美人归。说起雅菲，皮肤吹弹可破，眸子含着秋水般波光潋滟，和这样的美女过日子，估计饭也能多吃两碗吧。

第二日清晨，我刚起床准备洗脸，门就砰砰砰地被敲响了，是雅菲！初一看雅菲，不禁被吓了一跳，满脸的泪痕下，黑眼圈牢牢地锁在眼睛周围、两侧脸颊上有几处痘印触目惊心，皮肤蜡黄，疲倦而苍老，似乎和以往的她判若两人。

我今天没化妆，见笑了，姐。雅菲见我目光有些呆滞，忙羞赧地解释着。原来，雅菲当晚卸妆洗漱和永军共度良宵之后，他却不知所终。

肯定是那帮狐朋狗友又出幺蛾子了，你先回去，我找到他一定给你出气！面对哭得梨花带雨的雅菲，我忙不迭地安慰道。

雅菲站起来啜泣着说，他如今追到手了，这么快就不珍惜了。姐，你告诉他，昨晚的事情要是解释不清楚，我和他就算完了！说罢，她转身就走。

电话、短信、微信，四处找了一圈，终于在表姐家找到了永军。

你到底想干吗呀，雅菲都快气疯了！我吼道。

永军困兽般走来走去，嚷嚷着，女人都是骗子，骗子！我追了她这么多年，终于追到手了，才发现，卸妆之后简直看不成。哼，还以为追了个美女回来，丢人丢大了！都是化妆化出来的！

原来是为这个啊，我忍不住哈哈大笑，这叫什么事儿啊？你没见过她卸妆后的样子？

这么多年，她只要出现在大家面前，从来都是化了妆的！永军愤愤地说。

那你到底是爱她的人还是爱她的脸呢？别这么幼稚好不好？我也生气了。

求你了，姐，你先回去，让我好好想想，我有种上当受骗的感觉。永军叹了口气。

回到家，正好看到网上传说马伊琍素颜回家被保安拦住的事儿，忍不住哑然失笑：谁规定女人在任何时候都得光鲜亮丽了？当男人们荷尔蒙分泌过剩，对着美女就两眼放光时，逼得女人越来越重视自己的身材、容貌。在这个看脸的世界，在这个男权的世界，谁愿意让自己因为不好看而屈居人下？由不得整容、化妆的话题屡登搜索热点排行榜。话说回来，倘若女人们规定男人不仅要挣大把的钱还得温柔体贴风度翩翩，每晚都要尽情欢爱，没那个体力就给我滚，男人们是否又会大呼想得美，老子不干了呢！

大部分平凡女人，要上班、要买菜做饭带娃，累了一天洗漱完了贴个面膜，基本上困得快睡着了。化了妆还得卸妆，卸妆不干净就生出痘痘，皮肤就出状况，雅菲能坚持几年如一日的令自己妆容精致，我打心眼里敬佩这种女人。明星们有化妆师、造型师、服装师甚至整整一个大的团队在为她的个人形象进行全方位的打造，就算这样，女明星们仍旧屡屡爆出素颜照，更何况活在柴米油盐中的女人，想 24 小时摇曳生姿，何其难也！

几天后，永军给我发了条短信：姐，你说得对，我爱的是她的人。我有这么大的反应确实有点幼稚。只不过，追她太辛苦，又确实没见过她卸妆后的样子。呵呵，见笑、见笑！

永远摇曳生姿的是妖精，普通女人会累、会打嗝、会放屁，在自己最爱的男人面前，会把最脆弱的一面展示出来，如果无法接受她坏的一面，那么也不配拥有她好的一面！女神卸妆以后，只要美丽的初心不变，依旧是女神。

结婚到底为什么？

　　一个偶然的机会，听到朋友说起他当年毕业之后抛弃一切跟着老婆来到陌生的城市追逐爱情的故事，于是感动得一塌糊涂，像是粉丝面对明星一般对他老婆热切地说，啊啊，你们的爱情太浪漫了，太有格调了！他老婆淡淡一笑，故事始终是故事，听听就好。现在么，过日子最要紧。我顿时有点尴尬，在这个年仅四十的妇人面前，我的激情澎湃和对美妙爱情的热切向往像个二逼青年！

　　回家的路上，看到淑女屋在做特卖，兴致勃勃地进去看了看。说看了看，是因为现在身材微微变形，早过了少女时代，确实穿不了少女系的衣服了，可那些粉粉嫩嫩的东西，让我的心情莫名愉悦。中国人始终在拿一系列现实问题考问一个女人的成熟度，比如你到了该恋爱的时候没个男朋友，就会怀疑你没市场，到了该结婚的时候不结婚，更会显得特立独行，到了该生孩子的时候还没生孩子，那就是怪物！无数头狼在后面追着，就有无数个女人慌慌张张跳入婚姻的围城，结束少女时代。结婚之后如果还在问，你到底爱不爱我这类幼稚的问题，你就是不成熟！因为成熟的标志之一，就是结婚后，要好好过日子。爱情和梦想在婚后成了奢侈品，可望而不可即。

说实话，我有点怕自己某时某刻变成一个面色疲倦、只会过日子的女人。身边有无数个这样的女人，神色匆匆地在家和单位之间奔波，她们从不撒娇发嗲，从不主动提出和丈夫过个二人世界，她们风风火火，在楼下扯着嗓门喊，某某，回来吃饭！然后拎着熊孩子一口气上到三楼以上！丈夫如果偶尔良心发现买一束玫瑰回来，女人就会反问，你今天干了什么亏心事？她们会在忙碌一天之后玩玩手机，转发点心灵鸡汤什么的，每天潜意识强化着爱情总会转化为亲情这种观点，年轻女孩面对帅哥时发出哇的一声赞叹都会引得她们翻翻白眼，用老于世故、历尽沧桑的平淡语气说，你们这些年轻人啊……我们单位收发室有个老大姐曾经说过，街上那些勾肩搭背的狗男女肯定是奸夫淫妇，老夫老妻上街，哪一个不是离对方八丈远。我听到这话浑身发颤，按照这种观点，我和某人绝对是别人眼中的异类，因为我们上街从来都是手拉手，有娃以后一般都是揽着他的腰。

很多年前，我一男同学跟我谈起两性问题，他语重心长地说，当你把爱情转化为亲情时，他就不会抛弃你了。不知为什么，过了这么多年，我还能清晰地想起这句话来。今时今日，我想对这句话说，我呸！本姑娘亲戚一大堆，没有爱情了就相忘于江湖，拿亲情来做幌子，纯粹是对现实生活无可奈何的表现！结婚有多美好？要维系一个家，要和对方整个家族的亲戚打交道，要生娃，要面对身材变形、气血不和等一堆毛病，要忍受男人的臭袜子和打呼声，可仍旧不管不顾地跳进围城，难道不是曾经面对他的笑容心驰荡漾？难道不是曾经为他某个贴心的举动心怀感动，难道不是对爱情充满憧憬？可为什么，结婚之后会一步步麻木不仁，忘记了亲吻他嘴唇的味道，淡去了依偎进他怀中时的温暖，就连他喜欢什么样的饮料竟也疏忽了，脑子里只剩下西红柿一斤多少钱？听说汽油又降价了之类的消息……除了孩子和天气，似乎无话可说。一个人看电视，一个人玩手机，或者电视开着，两人都在刷朋友圈，然后日复一日，年复一年。很多人用那个恒久不变的定律来安慰自己，爱情嘛，总要转化为亲情的！亲爱的，请问问自己的心，是否没有在这段婚姻中努力？是否已经懒惰到不想制造一点点动作讨对方的欢心？是否认为已经嫁给他或者已经娶到手，无论你何时归家，对方都会在原地等你？我想问一句，凭什么？人生苦短，凭什么要对方过这样无趣的生活一直到老？

　　有一天如果不爱了，咱俩就分哈，人生短暂，别耽误对方青春！我有一天恶狠狠地对某人说。

　　他哈哈大笑，说，问题是我还深深爱着你啊！

　　嗷，你好长时间没说爱我这种话了。我扑上去咬了他一口。

　　有孩子以后，鸡飞狗跳的生活一瞬间把爱情淹没到柴米油盐中，我们俩似乎同时更年期提前，暴躁、易怒。那天，他出门买菜，我淡淡的嗯了一声，到厨房熬粥。他出了单元门，走了几步，忽然回头，见我在窗口，瞬间露出笑脸，以为我是在目送他，很高兴地冲我挥挥手，大声说，宝宝，你还要什么，到时候给我打电话。好像很长时间都没有亲热地说话，彼此之间僵硬得像个搭伙过日子的伙伴，他也不再像恋爱时叫我宝宝了，我也渐渐习惯了他出门时不再送他到门口并且吻别，更不会在窗口目送他远走。那一瞬间，泪如泉涌，我笑着冲他挥手，他像个孩子似的蹦蹦跳跳地消失在树影婆娑中。我曾经想过，如果不去改变会怎样？身边无数个熟悉的画面令我根本不必动用想象力，如果我们彼此都不去改变，很快，我和他就会变成无数被生活折磨得神色疲倦的夫妻中的一对，一天最重要的事就是想想早、中、晚餐吃什么，然后偶尔做爱，相对无言，再也没有从前目光碰触时的火花和炙热感，这样的人生我们要过到老死的那一天！一眼望到头的婚姻生活，结婚难道就为了把生活变成一潭死水，让两个曾经相爱的人变得相对无言？我，也会渐渐的，觉得去化妆、打扮、逛公园、看电影是很无聊的事情，会认为最美好的时光就是赶紧买点菜回家，吃完饭看会电视早点上床，会成为目光呆滞、缺乏神采的妇人，也许还是个成天叨叨，琐碎到令人讨厌的人！想到这些，我站在夏天30℃的天空下，内心一片冰凉。内心一个声音说，我要爱情，要爱情！

　　结婚时，是因为爱情；婚后，常常会疲倦到忘了初衷。把爱情圈养在心中，定时浇水、剪枝，那么，它必然会在平淡的生活中为我们幻化出一片春光。

　　我们在街边漫步时，相互说笑着彼此朋友圈的趣事，笑着笑着，他忽然回头目光灼灼地盯着我，我一愣，怎么了？他四下看看，迅速在我唇上印上一个吻，我哈哈笑个不停，把手伸进他的袖管里捏捏。小朋友躺在小推车上很新奇地回头冲我们嘎嘎笑，晚风习习，美好的一天。

　　对于个性十足的人来说，真没必要结婚，有爱就行。对于世俗的我们来说，有了爱的人，还得结婚，因为有了一纸婚书以后还得给孩子上户口、办入学手续，等等，确实俗气，但现实生活毕竟如此，没本事挣大钱把孩子送国外去念书，更没本事改变目前平淡的生活，我们能做的，也只有安然接受一切，让普通的日子灿烂盛开，让镜中平凡的女子，因为爱的滋养而楚楚动人，让娶了我们的男人在婚姻中修炼得成熟练达、豁然开朗，让婚姻，成为我们在尘世间的一汪清泉，宁静明澈，叮咚作响。

我喝过最烈的酒，也放弃过最爱的人

十一过节回老家，班长在群里闹腾说要聚会，并且，特意说，西林也来。我一开始假装没看见，可班长打电话过来，我只好撒谎，说外地的亲戚来了，走不开。

那年冬天，我在学校东门的小超市里买了瓶饮料，发现瓶盖里有"再来一瓶"四个字，哇哦，我欢呼着往前跑，一高兴，盖子从我手里脱落，咕噜噜滚下去。东门有一排各种各样的小饭馆，晚上都亮着灯，不过光线不是很足，砂锅米线、石锅拌饭、刀削面等吃食吸引着一大堆人去吃东西，就在我着急的时候，一个人的脚正好踢到瓶盖上，那个可以让我再换一瓶饮料的瓶盖就这样消失在茫茫的夜色中。

你！我气得瞪起眼珠子。

他穿着一件羽绒服，理了个小平头，眼睛黑亮黑亮的，一笑，小虎牙就露了出来。最让我气愤的是，他根本搞不清楚状况，不明白发生了什么，一副迷茫的眼神，嘴里嘟囔着，怎么了？

肖蓝？他身旁窜出一个人，竟然是我的高中同学徐天峰！

西林，介绍一下，这就是我跟你说的，我们班的大美女肖蓝！徐天峰冲西林努努嘴，小声介绍着我。又对我说，西林是你转到特色班之后才来我们班的，怪不得你俩不认识。

长得一般啊。这个叫西林的家伙竟然毫不客气地评价我的长相。

虽然我自认不算顶级大美女，好歹扔在人堆里也算长相出众的那种，他的话顿时让我气愤不已。就你帅，帅遍天下无敌手！我气鼓鼓的再也没有心情想其他事，转身就走。

转眼，学校的元旦晚会上，我长笛在手，一曲悠扬的《一剪梅》让大家对我刮目相看。回到后台，西林不知什么时候到了我身后，他盯着我，眼神火辣辣的，说，你穿白裙子很好看，但是，大冬天的这么嘚瑟，不会感冒吗？

他就是这么贱兮兮的，嘴巴永远不饶人，我们一来二去中火花四溅，相互爱慕又时刻相互挖苦。

春天的时候，我们一起去放风筝，跳啊，闹的，他和我坐在草地上，嘻嘻笑着说，以后嫁给我，是要吃苦的。

我呸了一口，谁要嫁给你呀。

夏天我穿个吊带裙，他就说，哎，穿这么好看出去这不让我担心吗？这种衣服只准穿给哥看！

冬天一起去吃麻辣烫，他总趁着四下没人色迷迷地问，你想亲我了，我看出来了！不等我说话，就狠狠亲我一下。

我想，我肯定是要和西林在一起的，结婚，生孩子，一起变老。

毕业那年，家里人在老家为我找好了稳定的工作。我想回去，我想在父母身边生活，西林却不能。他家是农村的，还有一个弟弟、一个妹妹要供养，他如果回来，就失去了在大城市所能得到的所有机会和可能性。他说，宝贝，等我，我先干几年，攒点钱就回去娶你。

我等了一年又一年。西林一开始做销售，到处跑，到处赔笑脸，喝酒快喝到胃出血，我趁着寒暑假才可以找机会去看他。可他总是忙，忙着应酬，忙着见客户，我一个人在出租屋里等他，寂静得能听到自己的心跳声。有一次，我怀孕了，我说，西林，我们结婚吧！你没有稳定的工作，我有，你没有钱，我有，我自己攒了点钱，我不要大房子、好车子，只想和你在一起。那一年，我整整 30 岁了！西林说，宝贝，再等等，我马上就要成功了。他好像和人合伙做个小工程，据说如果成功的话，可以有几十万的进账。

父母年纪大了，妈妈的身体很不好，他忧心忡忡地对我说，你找个好人嫁了吧，这样我才安心。

我没有告诉西林，自己有了他的孩子。妈妈在那天清早昏倒在厨房里，我欲哭无泪的时候打电话给小南，他很快开车过来把妈妈送到医院。小南比我小两岁，家里有很多产业，我抗拒着他的热情，坚守着对西林的承诺。我可以继续等，肚子里的孩子等不起了，妈妈也等不起了，我一个人偷偷去了闺蜜所在的城市，

躺在医院的床上时，眼泪一个劲儿地往下流。

西林知道我和小南订婚的事情，冷笑着在电话里骂我，早知道你就是个贪慕虚荣的人，人家比我有钱，比我年轻，比我家境好，我穷，活该一辈子独身！你记住，我一定会好起来的，让你后悔去！

那晚，我一个人在酒吧里买醉，心在滴血。我爱西林，喜欢他的笑容，喜欢他身上的味道，喜欢他吻我时湿乎乎的嘴唇。可我们，就这样分开了。

西林终于回乡创业了，作为本城的新晋才俊，报纸上多有报道。我默默地看完报纸，又放回去。小南的父母去世后，他不擅经营，关闭了几家店铺，带我到南方的二姨家落脚，在姨父的帮助下，生意才算重新步入正轨。

毕业 10 年的聚会上，西林开着宝马 X6，一掷千金请同学们在老家最好的酒店聚会，我借故没回去。他从别人那里弄到我的电话，仰天大笑，你没想到我也有今天吧，嗯？

记忆中的那个爱我的男人渐渐面目模糊了，想起往事，心如刀绞。我喝过最烈的酒，也放弃过最爱的人，曾经以为这是一生的痛，如今，居然不后悔了。

把平凡的日子过得像诗一样

—————— \\ ∨ // ——————

live every ordinary day
to be poetry

Chapter 3
你可以变得更好

　　更好，意味着把现在的自己扔到红尘中荡涤一番，把心千锤百炼，让灵魂和肉体都蜕变成全新的！无论前方是否风雨凄迷，我都会披荆斩棘，因为，我相信爱情！

以自己喜欢的方式过一生并不容易

满屏都是世界那么大，我要去看看，或者是以自己喜欢的方式过一生，作为一个年过而立的已婚妇女，我对这样的标题只能呵呵。从前年纪小，其实并不知道什么是自己喜欢的方式，只是看武侠片时对着白衣翩翩的侠客们仗剑走天涯的生活方式羡慕不已，他们豪情万丈地策马扬鞭走世界，累了，就下马，到一家小店潇洒地坐下高喊，店家，来一壶好酒，一盘牛肉……

有一年，我在单位和家这种两点一线的生活中感到疲倦不堪，想象着自己一个人浅唱低吟着唐诗宋词，在江南的小桥流水中晒太阳是多么惬意的事情。因此，潇洒地请了假，订好票之后，我真的到了江南，抛下俗世中所有的一切，穿上漂亮的裙子，娉婷有致，到杏花春雨掩映下的酒楼倚窗而立。走走停停，得意地在朋友圈里晒美景，肚子饿得咕咕叫时，也很豪气地走进一家古香古色的饭店里，一看菜单却吓一跳：清蒸鲈鱼 198 元，鲜榨玉米汁 78……

请问，您要点什么？服务生笑眯眯地问。

来都来了，怎么好意思走呢？可是，这价位也太高了！我皱了皱眉，刚才在胸中激荡的万丈豪情在残酷的现实面前烟消云散，只得假装有事仓皇逃走。匆忙吃了碗面回到酒店给家里打电话，母亲连声咳嗽，忽然想起，家里养的花没人浇水，窗户忘了关，有个快递送到门房还没人拿回去……花是前些日子才买的，碧绿肥厚的叶子昭示着旺盛的生命力，阳台上有一条洗过的裙子没来得及收，这些平日里习以为常的琐碎事情此时此刻让我牵肠挂肚，我竟然非常怀念家里的小日子：忙完工作，泡杯茶坐在沙发上，茶香氤氲，多么惬意。这才恍然大悟，像我这种六根未净的凡夫俗子根本没法子去潇洒过一生。无拘无束，无牵无挂，行走在千山暮雪，带一身江南的风花雪月，边走边写稿，用自己挣来的钱养活自己——这是我喜欢的方式，可我却不能以这样的方式过一生，我要照顾孩子，要时常陪伴父母，还有一个他。

于是，我匆忙踏上归程，又重复着以前的日子。在柴米油盐里，忙碌而寂寞。内心深处，我对有勇气摆脱束缚的人充满了敬意。

玉玉辞掉公职到南方养蜂去了！现在的年轻人到底想什么呢？

老妈一进门就唠叨玉姐的事，我并不惊讶，因为昨晚玉姐就和我说了这件事，她还说：我想以自己喜欢的方式过一生。

玉玉姐是一家公立医院的医生，每天在门诊、住院部、手术室这三个地方度过大部分光阴，她不知道现在流行什么颜色，更不知道风靡一时的某部电视剧到底讲的是什么……一晃，最美好的年华就这么过去了。她感到焦虑和疲倦，这样的生活在心底掀不起任何波澜。

孩子今年考上大学后，玉玉姐终于感到了轻松，她在一个夜晚和我在微信上聊了很久，说，决定辞职的那一刻，竟然浑身轻松。

以自己喜欢的方式过一生，看似惬意，实则是昂贵无比的命题。我也想不拘世事，洒脱地行走在路上，和最爱的男人看美景、看书、喝茶，然而在钢筋水泥的城市里我却不得不埋头向前。刚毕业时，就有人问，有男朋友了吗？紧接着，结婚了吗？有孩子了吗？还有人不断追问，房子在哪里？你们怎么来的？开车？时光荏苒，柴米油盐中每一样都乱花渐欲迷人眼。母亲身体欠佳需要时时问候，儿子忽然不爱吃奶粉了，家里的水龙头又一次不听使唤，大姑姐做了手术需要奉上问候和慰问金……我坐在沙发上喘气，羡慕玉玉姐，我能什么都不管，和你好好待几天吗？我们俩干脆私奔吧？他摸摸我的头，轻声说，这就是生活！

我以为玉玉姐从此漫步花丛，和自己喜欢的蜜蜂和花儿做伴，不料，半年之后，她默默地回到家乡，应聘到一家私立医院工作。我约她喝茶，万千问询的话还没出口，她就苦笑：儿子说我自私，扔掉了做母亲的责任；老公骂我神经病，一把年纪丢掉公职寻求什么喜欢的生活方式。那时觉得养蜂是世界上最惬意的工作，真正渗入其中才发觉，为赶花期风餐露宿，比上班更累……

　　理解,理解。我笑着,说,你起码过了一把自己一直想要的生活,至于发现那其实不适合自己,并不是浪费时间,而是圆了自己的梦,挺好。以后,可以写本养蜂的书,可以把养蜂期间的感悟记下来,用一辈子的时间来回味。

　　梦想很美好,现实很骨感,这就是生活!鸡毛蒜皮,平淡如水,有时令人乏味,有时又繁花似锦。忙着前进,不是为了金钱,更多是为了某种自我的认同感,像大部分人一样二十多岁才上班,才挣钱,然后恋爱、结婚,等埋没在内心深处的自我意识觉醒时,已经三十多岁了。下意识感到焦虑,想完成自己的梦想,想达到自己曾经想要的一个状态,想要去做没有做过而想尝试的事情,甚至认为很多事不在年轻时候做就晚了,就没有意义了!他对我的焦虑显得云淡风轻,我们有的是时间,我们还年轻,一件件慢慢来,不着急。失败了,我还可以和你从头再来!他的梦想和我的不同,他也许不知道我的焦虑到底来自哪里,但他的眼眸里流淌着柔软的爱意,他愿意理解,愿意倾听,我悦然于心!

　　活在俗世,常常身不由己。这世上有人愿意听我琐碎的唠叨,让我的心信马由缰,精神自由行走,何尝不是一种醇厚的幸福?以自己喜欢的方式过一生,并不容易。不必刻意避开车马喧嚣,在心中种一片绿茵,养一汪清泉,亦可在钢筋水泥里享绿影婆娑,听清泉叮咚。

我们在寻求和失去中颠沛流离

春天一来，腰间的赘肉就成了烦恼，日日喊着减肥，哪一顿都没少吃过。想起莫莫，当年上大学时，她的小蛮腰就令人羡慕不已。那时，我刚刚从高中的懵懂岁月中晃到大学，仍旧是短发、牛仔裤，不施粉黛。莫莫却不同，她一头乌黑的长发，黑色的毛衫下，鼓鼓的胸脯透着少女的妩媚和清纯，小蛮腰仿佛盈盈一水间，精致的妆容更加衬托得她明眸善睐。

莫莫会在春天的时候穿碎花的旗袍，把头发编成两条小辫儿，迈着小碎步漫步在学校里，像一汪婀娜的清泉，流淌到哪里都会吸引众人的目光。

我才不想和她走到一块呢，打扮得妖里妖气的！小云撇撇嘴。

我大咧咧地说，有美女在身边，心情很好的。

于是，我常常和莫莫一起上课，去图书馆，到南门口的夜市去逛。

有一个男生隔三差五地送一大包零食过来，叮嘱莫莫好好吃饭。

好了，我知道了，啰唆的！莫莫每一次都是简短地说几句，然后匆匆回到宿舍。

我问，那个人是谁啊？

哦，我哥哥！莫莫轻声一笑。

我问莫莫，你家在哪里啊？

莫莫说，喏，就在前面啊，打车不到十分钟的时间就到了。她莞尔一笑，红唇透着柔润的光泽。

哇，原来你家是省城的，真好啊！

我像发现了新大陆一样，惊奇地发出赞叹声，心想，在省城有一套房子，多好啊。

莫莫用细长的手指把头发往耳朵后面拢了拢，似乎在笑话我没见过世面，细声细气地说，我男朋友也有一套房子啊，他自己开着一家小公司。

噢！我吃惊地张大了嘴巴。在我看来，刚刚上大学就找了这么好的一个男朋友简直令人羡慕。

莫莫做了一个"嘘"的动作，说，要替我保密哟，她们都妒忌我。

我点点头，一个女生漂亮，又幸运，确实能引起旁人的妒忌。

大学刚毕业那年，几个女同学搞了一个小聚会。

我正在奇怪莫莫为什么没来时，她翩然而至。

那个，我下个月结婚，特意来请大家的！莫莫羞涩地笑着。

不好意思啊，下个月我要回老家，呵呵。小云说。

英姿也连忙说，下个月估计要到外地参加一个面试，去不了。

……

大家纷纷表示抱歉，莫莫期待的目光落到了我身上，我点点头，说，放心，我一定会去的。

奇怪，莫莫结婚那天，她家里居然没来一个人，我陪着她化妆、做头发、吃饭，一起坐上新郎的车到餐厅。司仪正积极渲染气氛时，一个似曾相识的高个子男人走进来，一直直勾勾地盯着莫莫，连声冷笑。

咦，你不是那个？我正要搭话，就听他大声说，你抛弃了我，就找了这么一个人吗？你以为你能幸福吗？坏女人……

莫莫大惊失色，忙给司仪使了个眼色，很快，有两个保安把那个男人拖走。

你会有报应的！那个男人大喊。

莫莫的老公吴凡就像什么都没看见一样，笑眯眯地搂着她，继续在司仪的引领下进行下一个节目。

参加完婚礼回去，小云特意来找我，问，你真的不知道莫莫的事情啊？

我愣了，什么事啊？

原来，莫莫的家在山区，父母都是地道的农民。她上高中时，就有了男朋友，两个人一起考到了省城。男朋友对她很好，省吃俭用外加出去做兼职，每个月都会固定给莫莫一笔零用钱。爱漂亮，又喜欢跳舞的莫莫在舞厅认识了吴凡，帅气潇洒的吴凡用中年男人特有的沉稳和魅力牢牢吸引了莫莫的目光。他们两个人迅速陷入热恋的状态，吴凡的老婆带着 8 岁的孩子从老家赶过来闹着要自杀，还约摸莫见过面，一哭二闹三上吊的手段都使尽了。可莫莫依然执著地爱着吴凡，尽管家里没有一个人同意她和一个有过婚史的男人结婚，还背着小三的名声……

为什么莫莫的家人没来参加婚礼？为什么吴凡看上去比莫莫大很多？为什么婚礼上的宾客很少？这一切似乎都有了答案。

刚刚二十出头，涉世未深，连恋爱都没谈过的我听完了莫莫的故事一个劲儿地发呆，一边恨她瞒着我，一边感叹自己的憨傻。从那以后，我一下子拉开了和莫莫的距离，不接她的电话，也不想和她来往了。多年以后，我才明白那种感受，就像一个小孩，从来都只认识蓝天白云，满脑子的纯爱故事，忽然知道原来这世界还有险恶，还有崇山峻岭，还有悬崖峭壁，一下子就蒙了，沧桑像丝丝缕缕的风，毫不犹豫地钻进心田，由不得你抗拒。

去年，和朋友聚会时不知怎么谈起二婚的话题。有人就说，我认识一个男的，当年抛妻弃子娶了一个山区来的妞，没过两年就离了婚，二婚也不见得好啊。吴凡这小子，得不偿失！

啊，吴凡？我惊呼，才知道莫莫离了婚。

再次见到莫莫，是在一家超市，她穿着一身工装，留着短发，素着一张脸。

我其实没认出她，她叫，翠翠！

岁月催人老，没认出来吧！哈哈！她热情地招呼着，随着走路的步伐，白衬衣下的赘肉呼之欲出。

我拍了拍她的肚子，哈哈大笑，你现在怎么搞的，小蛮腰哪里去了？

哎，生活，都是生活啊。莫莫笑着。

我们都像约好了似的，没有谈莫莫的婚姻，没有谈吴凡，没有谈现在，只是暂时把自己从成年人的桎梏中解放出来，发出小女生一样的惊叹，哇，你有白头发了！哈哈，原来你的体重都过了110斤，要减肥哟……

回家的路上，风呼呼地在耳边刮过，忽然想起我们的少女时代，那时，我和莫莫会在北方灰突突的春天里步行两个小时去看一棵桃树，只因为它开满了花；我们会相约夜半时分起床，一起对着流星雨许愿，就好像许了愿，就真的会遇到一个很好的男人，遇到一段美好的爱情一样……

我一直都想天真简单地活下去，买东西不用问价格，只需要用眼神去搜寻那个有缘的，带着最初相见的美好；交朋友不需要试探和游弋，对了胃口，就随时随地一起吃饭、逛街……

后来的后来，等我也长大了，从少女变成了少妇，我才想起《小王子》里的一句话：我始终认为一个人可以很天真简单地活下去，必是身边无数人用更大的代价守护而来的。而我，终究没法那样生活，我得在买衣服时斤斤计较，能省一点是一点，得在旅游时

精打细算，得拼命干活才可以维持现在的生活。

　　所以，如果现在有人告诉我，东郊有一棵梨树开满了花，漂亮极了，但开车没法去。我会直接回答，算了，累死了，还不如在家看电视呢。

　　埃克苏佩里在《小王子》中说，如果不去遍历世界，我们就不知道什么是我们精神和情感的寄托，但我们一旦遍历了世界，却发现我们再也无法回到那美好的地方去了。当我们开始寻求，我们就已经失去，而我们不开始寻求，我们根本无法知道自己身边的一切是如此可贵。

　　嗯，我们就在寻求和失去中颠沛流离，蹉跎岁月，直到生命的尽头。还好，我们终是明白了寻求的滋味。

没有什么过不去的

朋友心蓝在一家小店看中一条裙子，讨价还价以 280 元拿下，她很高兴，觉得物有所值。不料，又逛到一家店，挂着一条一模一样的裙子，心蓝假装要买，一番唇枪舌剑之后，店家只要 190 元钱。她暗中仔细比较了两条裙子的质地、做工，不禁急火攻心，转身狂奔到买裙子的那家店，冲着店主一顿吼，喂，有没有职业道德啊，遇到一个客人就狠狠宰啊，亏我还认为你做生意很实诚，还想让表妹也来买一条呢……巴拉巴拉说了一堆，她气呼呼地拿着裙子开车准备回家，半道上看到一辆车里的小姑娘摇下车窗冲着马路上扔出一个饮料瓶子，心蓝忍不住说了句，小姑娘，别随便扔垃圾啊。话音未落，一个不小心，车就拐到马路牙子上，保险杠啪的一声，掉了一块。那个小姑娘又摇下车窗，对着心蓝嘿嘿笑了两声，扔出一句，活该！心蓝气得要发疯，吼道，说谁呢，你，太没家教了！

事情的结果是，小姑娘是个单亲家庭的孩子，母亲爱女如命，当妈的一看情况不对，当即停车和心蓝吵了起来，双方的怒火几乎要把整条街燃烧掉……两个女人的口舌之争造成交通拥堵，警察来了之后各打五十大板……

这件事已经过去两周的时间，心蓝仍旧气愤难平。哎，你说，做生意怎么能这样呢？挣钱咱可以理解，也不能卖太贵啊，把别人都当傻子啊！

那条裙子你怎么不穿啊？我问。

一看到那条裙子我就来气，穿什么啊，扔柜子里了！心蓝丢给我一个白眼。

你说你，何苦让这些事把自己的情绪也变得糟糕起来呢？我知道心蓝那天是准备买条新裙子，晚上回家和老公来个浪漫的二人世界的，结婚纪念日的心情全都被一连串糟糕的情绪毁掉了。

心蓝笑了笑，说，是啊，我就教育了那小姑娘两句，她妈妈连哭带闹的，好像我杀了她全家似的……

喝了杯咖啡，聊了一下午，心蓝的笑容灿烂起来。

其实，我也曾像心蓝一样，买了件衣服总患得患失怕自己买贵了，碰到卖同样货品的店面总忍不住走进去问价格，如果价格高于自己买的价位，内心窃喜一番；价格低于自己当初买的价位，就会认为当初受骗上当，不由得会骂，该死的店主！至于逛街的闲适心情，穿了新衣的摇曳身姿这些美好的事情则统统被自己丢到爪哇国去了！

人生不如意事十之八九，换个角度，是否会有全新的感受呢？

也许那家店主猜到你纯属问价格的，故意报了一个低价让你后悔没在他家买呢？也许当初买的时候正值当季热销单品，自然价格不菲，可随着时间的推移，店家为了收回成本当然会做一些让利活动……最好的办法，就是买下新衣，不再去看、去问，打扮得美美的，让自己的心情飘逸起来，拍点漂亮的照片，享受这件衣服带给你的愉悦心情。

生活在尘世间，难免遇到鸡零狗碎又让人怒火冲天的事情，我们向往着钢筋水泥的城市中隔绝起来的温情和静穆，内心却逐渐变得烦躁、不安，任何情绪和事情都能瞬间点燃积压在胸口的怒火，想痛快地骂娘，想吵一架甚至揍对方一顿，然而，你给生活的是面目狰狞，生活给予你的会是一地鸡毛。就如一位友人说的，生活中的刁难很多，如同走进一个矮小的巷子，不小心被狗咬了一口，鲜血直流，一抬头，却发现前面站着很多狗，你该庆幸，它们没有咬你。这世界，垃圾那么多，你计较得过来吗？放任自己的情绪全面爆炸，心情24小时跌宕起伏，肝火淤积，内分泌失调，脸上长了很多痘痘和斑点，为了痛快喝一堆乱七八糟的饮料导致尿酸增高、转氨酶增高……你病了，浮肿、心肌缺血、高血压，等等，你骂骂咧咧，狗日的老天真不公平，别人都好好的，就我得病！

亲爱的，生命如此短暂，何不让自己妖娆生活，静下来，慢慢走……

心蓝问我，如果心里有过不去的坎儿怎么办？

我说，先把它放一放，十天之后你回头看看，当初的愤怒是否消散了一大半？过一个月再回头看看，是否早已桥归桥，路归路？

有段两位僧人间的对话很有趣，寒山问拾得："世间有人谤我、欺我、辱我、笑我、轻我、骂我、骗我，该如何处治乎？"

拾得云："只要忍他、让他、避他、由他、耐他、敬他、不要理他，再过几年，你且看他。"

世间没什么过不去的，就像你有时觉得离开一个人会死，没他你活不下去。当真那个人离开了你，你的肚子仍然会饿，你的眼珠依旧会动。生活，还得继续，太阳，第二天还会高高地升起来。

保持一颗处子之心

如果你要问，婚姻里最重要的保鲜秘籍是什么？

大部分的女人都会说，婚前睁一只眼，婚后闭一只眼。

话说起来当然容易，可是做起来就很难。有多少女人婚前是柔弱的小绵羊，走路迈着小碎步，说话都轻声细语，婚后就变成了河东狮，动不动吼得方圆百里都能听到她的唠叨声，又或者，总嫌弃男人不够体贴，不够长进，变成了另外一个人。

而小圆就是我心目中的小绵羊，单纯、善良，和男朋友谈恋爱之前是白纸一张。

有一天早晨，我还在睡梦中，手机传来刺耳的铃声。

我按下接听键的那一刻起，小圆就一个字都不说，只是哭得天昏地暗。我蒙了，一个劲地问，你怎么了？哭什么呀？

直到我百般安慰，她才啜泣着说，翠姐，我，我不是处女了，怎么办？

这个问题让我的太阳穴顿时抽疼，按说站在已婚妇女的立场，不是就不是了呗，可人家是大姑娘呢。我脑子迅速思索了一下，她肯定是遇人不淑，于是我故作轻松地说，嗨，谁年轻时候没爱过几个混蛋啊，只要当时爱得真切，爱得起，放得下，心是明媚的处子之心，其他都是浮云。

真的吗？小圆问。

我说，当然了，什么年代了，要因为你不是处女就唧唧歪歪的话，就让他滚一边去！

原来，小圆和男友分隔两地，不知什么原因，男友好久都没和她联络了。她为了去看他找领导请假，领导却说单位很忙，不批。小圆一气之下，辞职走人。没买到卧铺，她就坐在硬座上颠簸了一天，到了男友的单位门口给他打电话，想给他个惊喜，不料，男友吞吞吐吐地说，本来早就想说分手，只是怕小圆受不了，所以一直……

分手的消息犹如晴天霹雳，让小圆几乎要站立不稳，她为了面子，硬着头皮说，没事没事，我也早就看出来了，我们在一起不合适的，正好你提出来了，就分了吧！

回家的路上，小圆一路上哭哭啼啼的，结果认识了一位和她在同一座城市的男士，两人由此结缘，竟然成了朋友。

带着沮丧的心情相处了没几天，小圆就和这位男士滚了床单。她以为从此以后，生是他的人，死是他的鬼了！不成想，不知是怕负责还是怕小圆借此纠缠不清，这个男人换了手机号，人间蒸发一般从小圆的生活中消失了。

想到自己竟然把保留了二十几年的贞操无缘无故地献给了一个还不算太熟悉的男人，小圆就痛苦得不能自已。

我认真地安慰她，渣男处处有，别这么难过了，就当被狗咬了一口。爱情又不是生活的全部，你能干、爽朗，又孝顺父母，总会有一个好男人出现在你的生活中的。这是几年前小圆给我打电话的情形，而今历历在目，她却历经时光的打磨，成为女权主义者，泼辣生猛。口头禅是，男人如衣服，闺蜜如手足，若为金钱故，两者皆可抛。我气到吐血，说，你已经很有钱了，唯独缺个好男人爱你。其实我心里在想，这姑娘是嫁不出去了，谁都架不住她一到相亲对象面前，直接自报家门：你好，我叫小圆，工作和收入都很稳定，有两套房，哦，我不是处女，你在乎吗？我屡次告诫她，虽然你是个好姑娘，也用不着拿着喇叭告诉全世界你不是处女了吧？虽然洪晃说，中国姑娘应该多睡几个好男人再嫁人，你也不用真信这种话吧！小圆狂笑，两人相爱就应该接受对方的一切，坦诚、真诚……

我话音未落，小圆就遇到了真命天子。时隔数年，她却对婚姻丧失了信心乃至一直不愿意为他生孩子。她如今是公司高层，年薪数十万，而他仍是玩性十足的小男生，升职无望。

我问，你当年喜欢他什么？

帅、可爱、率真啊，小圆说。

那么，他现在帅吗？我又问。

帅！小圆答。

率真吗？我追问。

率真。小圆的声音小了一点。

可爱吗？我仍然继续问。

嗯。小圆低声道。

那么，变了的是你，不是他！是你对他的要求改变了，却并没有告诉他。我呵呵笑。

小圆轻叹一声，说，是的。

如果他成功了，却有高血压、糖尿病、肾结石一堆的病，也许还有性功能障碍，世故得像个老男人，你还爱他吗？我说，而且，没时间陪你，没时间在你面前露出可爱的笑脸、率真的性情，你确定自己想要那样的一个他吗？

那，那……小圆迟疑着，说不出话来。 好多天后，小圆发来短信说：我总想让他改变成我要的样子，无形中失去了往日纯真的处子之心，我错了。

只要是你，晚一点真的没关系

太阳火辣辣的，许小靓走到饭店门口时，玻璃窗里映射出一个人影：一米七八的姑娘，两条大长腿白晃晃的，修长且紧实。她随意穿了件白 T 恤和短裤，把头发编了个麻花辫就出来了。这是第几次相亲了？许小靓自己都说不清楚，她烦躁得想发火，内心无数个草泥马奔腾着，想抬头骂天：那个要成为我丈夫的人为什么还不出现，你他妈的知道我等得这么辛苦吗？终究没敢出口。30 岁的老姑娘在内地小城就像菜市场下班前的白菜，叶子有点蔫，脉络不如早市上的水灵，放在货架子上灰突突的，谁来都不会多看一眼。

刚走到门口，一个个头矮小、留着小平头的男人的眼光探照灯般朝许小靓扫射过来，他推了推鼻梁上的眼镜，和风细雨地笑着，说，和发来的照片上有点不同，随即殷勤地为许小靓拉开椅子。许小靓淡淡一笑，心想，早上出门时，老妈为了让她扮淑女，又一次找了条长裙套在她身上。许小靓其实早就不耐烦了，个头高、学历高，这是自己的错吗？有的男人只消听说许大姑娘是个博士就直接婉拒，还有的听到有一米七八的个头更是打了退堂鼓……凭什么自己莫名其妙地成了剩女，还被这些臭鱼烂虾挑来拣去，胸口窝的火在一次次相亲之后彻底燃烧，许小靓出门之后就跑到家门口的肯德基换上T恤短裤，她决心再也不装淑女了，把自己内心那匹野马释放出来，爱谁谁！

我叫周凡，是个普通公务员。个头有点矮，薪水有点少，你能不介意这些，和我见面，我挺高兴的，真的。

周凡不动声色的自黑且恭维了许小靓，这让她很受用。她从对相亲的厌恶情绪中走了出来，扫了一眼桌子，才发觉，周凡点了她最喜欢的玫瑰花茶和枣泥酥饼。她的嘴角微微上扬，哦了一声，刚想问什么，又把话咽了回去。周凡很诚实地说，我从你的空间里追踪到你的博客，看了很多你写的文字，对你的喜好有了一定的了解，擅自做主点了茶和点心。

不知为什么，许小靓想起孙毅，这么多年，每一次都是她坐火车到那座城市，在小屋里为他洗衣服，做饭，收拾屋子……孙毅一米八六的个头，帅气、挺拔，和许小靓走到一起，两人高挑的背影都能引起路人的注目礼。将来和我结婚的人一定是孙毅，许小靓毫不脸红地对老妈笑着。孙毅来电话了，孙毅最近考试忙得天昏地暗，孙毅心情不好，孙毅胖了十斤，孙毅准备留在那里了，孙毅攒了一万块钱……许小靓是个洒脱的人，青春好长好长，说爱的日子多着呢，不急。每每想孙毅想到心和肝都疼起来的时候，她就跳上火车，直奔他的小屋。孙毅的大手包裹着她的小手，带她走遍大街小巷。25 岁的时候，她忽然想要一个承诺，可孙毅吻了她，狠狠地拥抱了她，却什么都没说。26，27，28……许小靓的心在某一刻凉了下来，她开始相亲了，每一个相亲对象都比不上孙毅，个头没他高，长得没他帅，既猥琐又庸俗，就这么晃晃荡荡到了 30 岁。

谢谢你！许小靓收起思绪，吐出两个字。

周凡说，你喜欢写作，爱吃糖醋鱼，有时候冒两句脏话……我会用心去了解你，希望你也给我这个机会。

一顿饭吃完，许小靓没像往常一样起鸡皮疙瘩，她在回家的路上想着，还挑剔什么呢？给自己、给别人一个机会吧！

她的妈妈王秀珍对周凡是很满意的，但周凡的家是农村的，父母都是农民。估计是买不起房子，他父母老了，医保和养老问题怎么办？我是给你准备了十万块的嫁妆，可那个穷坑我们填不起呀。你刘阿姨先前就不知道把这些都打听清楚，真是的，浪费

时间嘛。王秀珍在屋子里来回踱步。

许小靓真想挖个地洞钻进去，女人活到一定年纪不嫁人，仿佛狗都嫌！她的暴脾气上来了，说，那怎么办？我索性在晚报登个广告好了，哪个男人有房有车，父母双亡，未婚、体健貌端的，都赶紧来啊！行，我这就给周凡打个电话，问他有房子没，有钱没，没有的话不用再见面了。她冲过去拿起手机，又叹了口气，转身回了卧室，啪的一声关上门。身后传来王秀珍的叨叨声，这孩子，这脾气，真是的，我还不是为你好啊！

第二天下班时，雷阵雨啪啪啪地滚落下来，电闪雷鸣的。许小靓被困在办公室，刚准备打电话叫个外卖来吃，周凡的电话就来了，嗨，我在你们单位楼下，一起吃个饭？我借了朋友的车子，吃完饭送你回来？

既然嫌人家条件差，又何必拖泥带水呢？许小靓毫不犹豫地说，我刚好叫了外卖，就不去了吧。

周凡很知趣地挂了电话，冥冥中洞悉一切似的。

其实，许小靓自己存了一笔钱，5万块，是她从大一开始做家教、发广告挣来的。三个月前，她把存折给了孙毅，许小靓想，孙毅如果表示要看房子了，那，婚事就有眉目了！她自己也说不清如此低眉顺眼的到底为什么。孙毅像是毒素，忘不掉、放不下。

如果和周凡结婚，他肯定像大多数男人一样，工资按时上交，帮忙做家务、带孩子，享受普通的生活。如果和孙毅结婚，有情饮水饱这句话是真的吗？雨停了，许小靓不敢再想，朝公交站台走去。

不远处，一辆周身散发着异样光泽的车在车水马龙的道路上异常惹眼，许小靓忍不住仔细一看，当下倒吸一口冷气，摇下车窗正和一位红衣女郎说笑的男子正是孙毅！她揉揉眼，车已经驶出自己的视线。

孙毅的手机嘟嘟嘟地响着，许久，他像往常一样带着轻盈沉静的笑声，说，小靓，是你啊。

你在哪里？许小靓问。

我在单位加班呢，忙得不可开交，不说了，回聊！孙毅说完，就挂了电话。

许小靓咚的一声，心脏似乎漏跳一拍，她明白孙毅在撒谎。大脑浑浊地走了几步，许小靓又把电话拨到孙清的手机上。

靓姐，是你啊，好久没联系！孙清清脆的声音立刻在耳畔响起。

你哥哥他……许小靓突然不知道该怎么发问，倒是孙清略显尴尬地小声说，你和我哥哥的事情，我都听说了。你想找个富二代，我和我妈妈都理解。这么多年，你对我们真的特别好，我早就把你当嫂子看了。没想到，你和我哥哥有缘无分。我们家条件太差了，难得你不嫌弃，和我哥好了这些年……不过，听哥哥说，他准备回老家创业了，我未来的嫂子家是个暴发户，呵呵。这下可好，你们俩都找了个有钱人，我都不知道该说什么了。

什么跟什么啊，许小靓的手发抖，想哭，嘴上哈哈大笑起来，什么富二代啊，胡说什么啊！

忘了孙清什么时候挂了电话，许小靓没想到自己的感情都托付给了渣男，爱上了王八蛋还不自知，居然幻想人家主动提出结婚。

回到家，许小靓头疼、恶心，浑身每一处毛孔里似乎都悲伤地流着泪，她翻江倒海地趴到卫生间的马桶上把晚饭吐了个干净。王秀珍着急地问，怎么了，这是？

躺在床上，无声地流着泪，咸湿的液体从脸颊滑落，枕巾的一角都湿漉漉的。手机嘟的一声，是周凡发来的微信，他说，小靓，你好。你我都是而立之年的人，我确实配不上你。我虽然没有很多很多的钱，却可以给你很多很多的爱。我工资按时交给你，我会做很多菜，会做饭洗碗收拾屋子，会养花种菜，我的父母有养老和医保，不会太拖累你们家。我喜欢你的文字、你的爽直，世界这么大，我们的遇见是多么不容易，我不想从此后成为你生命的过客，请给我个机会好吗？

许小靓哭着把电话拨过去，周凡，你真烦！房子你有吗？车子你有吗？就敢说给我很多很多的爱？我曾经爱过一个渣男，受过伤，伤口还血淋淋的，你能治吗？

30分钟后，敲门声重重响起，周凡站在门口，额头上汗珠滴滴饱满，他气喘吁吁地对王秀珍说，阿姨，我早就存够了首付的钱，我可以对小靓很好，你别嫌弃我！

这孩子，这孩子！王秀珍喃喃地笑着。

许小靓呆呆地立在卧室门口，看着周凡傻里傻气地向未来的丈母娘表白，她又哭又笑地说，周凡你个二货！

一年后，周凡陪着大肚婆许小靓到医院产检时，孙毅胡子拉碴地出现在他们面前。小靓！孙毅目光呆滞，想上前一步，许小靓没看见似的，冲周凡一笑，说，老公，快点。

进了门诊部，周凡问，刚才门口那个男人好像认识你。

许小靓波澜不惊地说，哦，不认识啊。

我们俩挺快的，这都有宝宝了，嘿嘿。周凡笑嘻嘻地说，那时候我就想，我老婆到底在哪里呢？属于我的爱情又在哪儿呢？

只要最后是你，晚一点出现真的没关系。许小靓甜甜地笑着，摸了摸肚子，又吐出两个字，我等。

周凡目光深邃地盯着她，温润一笑，我也愿意等着，谢谢你。

也许曾经狠狠地爱过，如今现世安稳，各自天涯。许小靓想，谁没受过伤，怕就怕永远沉浸在自己的伤口里不能自拔。找个靠谱的男人，住着小房子，生个小孩子，造点小情趣，人生喜怒哀乐，从此马放南山，安稳度日。

把平凡的日子过得像诗一样

———————— ＼＼ ＼ ／／ ————————

live every ordinary day
to be poetry

Chapter 4
炼爱记

　　你以为结婚就万事大吉了？不，一个爱吃麻辣烫，另一个爱吃西餐，两个迥然相异的人忽然要在一个锅里吃饭，一张床上睡觉……婚姻，是一生一世的炼爱之旅！

婚到深处人孤独

你认为结婚之后最浪漫的场景是什么？

这是好几年前一个女孩子问我的话。

恋爱时令人心海泛起涟漪的点滴太多了，可结婚以后？我稍一沉吟，便笑着说，结婚以后，我想，最浪漫的就是我和他步行去买菜，路边白杨树的叶子在风里哗啦啦地响，他会趁着左右没人狠狠拉我到怀里吻一下。

说那话时，我们还没有孩子，一切都停留在甜蜜的恋爱状态中。结婚了，有孩子了，当我们真的步行去市场买菜时，往往都是他回头低声唤我，欸，小心点，然后推着宝贝大踏步往前。我手里提着包，包里装着尿不湿、水瓶、饼干、湿巾，等等。宝贝有时会冲我们吐吐舌头，我们相视一笑。买了菜，我偶尔会把手伸进他的衣服里，摸摸他宽厚的后背，然后捏一下，有时想说点腻歪的话，甚至咬一下他的胳膊，这个时候却经常分神要去把熊孩子掉在地上的鞋捡起来，或者及时地给宝贝喝口水什么的，婚到深处，不是不想浪漫，而是没时间。

通常意义上，男人只要事业成功便可以一白遮百丑，获得足够的赞誉和认同感，可谈起女人，最起码要上得了厅堂、入得了厨房，至于翻得了围墙、打得过流氓这些纯属技多不压身。在父母面前要做好女儿，在丈夫面前要做好妻子，在儿女面前要做好母亲，在单位还得继续像个男人一样拼搏，而能够做好这一切的绝对是钢铁战士，不是普通女人！普通女人要努力保持身材别胖成个大妈，要抽出时间来学习以免在单位没有立足之地，还要提高自己的审美水准别成个土包子，更要学会做几道小菜偶尔充实一下生活，晚上除了辅导孩子写作业之外还得翻翻杂志、做做面膜保养一下，免得和丈夫出去时有点拿不出手。于是，忙忙地行走在单位、市场、超市、商场等等，哪一个环节出了问题，都会殃及柴米油盐的平淡生活。

我烦躁地对他说，我觉得有点孤独！

他挠挠头，说，那怎么办呢，大部分人的生活都是这样！

我想和你单独待着，吃吃饭，聊聊天，看个电影……

他像个大人似的原谅了我的幼稚想法，笑着摸摸我的头，说，孩子大一点就好了，乖！

夜色深沉，孤独一点点泛起，宝贝横在床的中间肆意地睡着，我闭上眼睛。

站在二楼的一角偷眼向下望去，他穿一身军装，喊出的口号如鬼哭狼嚎。他似乎感受到我的目光，不经意间微微抬头，眸子里有暖暖的笑意射过来。

傻样，呵呵。我想笑，却觉得胳膊有点疼，一睁眼，原来是个梦。我捅捅他，他嗯了一声，正想说点缠绵的情话，宝贝忽然大哭。我俩同时离弦的箭一样蹿起，他开灯，我拿湿巾……一番忙碌过后，又倒头睡去。

周末给宝贝洗澡，洗衣服，去超市买生活必需品，到市场买菜，参加一位朋友的婚礼，还得为自己买感冒药，然后就是做饭，洗碗，没有跌宕起伏的剧情，鸡零狗碎的凡尘俗世让我们俩都忙碌着，间或有几次目光的碰撞，我想亲吻他的额头或者嘴唇，品尝久违的柔情蜜语，然而每每我们擦出火花时，总有旁的事来搅局。晚上9点，小宝宝终于睡了。屋子里安静极了，昏暗的灯光下，他问，你早上要和我说什么来着？我一脸迷茫地回答，我忘了！他哦了一声，说，那睡吧！我回答，好的，抓紧时间睡，要不晚上给孩子喂奶太困了。

哎？

我望着他，想起以前，静谧的夜色中，我总是把头靠在他的胸前，偶尔轻轻咬一口。我想说，再看会电视吧？他靠在沙发上玩着手机，兴致勃勃地问，怎么了？你看，朋友给我发的短信，太逗了。

末了，追问，还不睡啊，老婆？

……

下一个周末，下下一个周末，如果没什么大事，我们都仍将匆匆度过。几乎忙到抓狂，却说不出到底忙些什么。当初恋爱时，带着安定下来的心步入婚姻。想到这世上此后有一个男人爱我、疼我、哄我、免我惊、免我扰、护我周全，我带着满满的甜投身于柴米油盐中。谁知，日子越来越忙乱，心，越来越孤单！找不到秉烛夜谈的闲适，在烦躁尘世中渐渐失去了当初把彼此黏在一起的爱情味道。他忙他的，我忙我的，热热闹闹地孤单着。

你还爱我吗？我问。

当然爱了！他白我一眼。

也许，孤单是婚后男女的常态。那天见到一对中年夫妻去买药，女人絮叨着，孩子上大学去了，剩下我们老两口怪没意思的，哎！男人瞪着眼珠子，快走，啰唆个啥。刚结婚时，我们是二人世界，清透热闹，等将来我们重新恢复二人世界时，我老了，他亦不再年轻，数年的柴米油盐也许早就磨掉了小儿女情怀，我们会像那些夫妻一样，淡淡地走着，聊聊孩子，说说天气。他许是知晓我的想法，忽然目光灼热，嗓音低沉地一字一顿说，我有多爱你，你难道不知道吗？为了让你开心，我愿意做任何事！

我愣在那里，老半天不知道该说什么，嘴巴张了张，又合上。

贤妻

　　宝琴和程辉的爱情是我们朋友圈里的传奇：28 岁那年，孑然一身的宝琴感慨命运的不公，决定到西安去烧香拜佛。从庙里出来，她一个人在康复路附近转悠了整整一个下午，坐在麦当劳里百无聊赖之际，打开手机看了看附近的人，就这样，程辉像是踩着七彩祥云的孙悟空，从天而降，两人一见如故，很快就谈婚论嫁了。宝琴为了爱情，放弃了银行的稳定工作，嫁到西安。

　　一米八一的程辉身形健硕，温文尔雅，收入稳定，我们都嗷嗷地叫，说宝琴真是走了狗屎运。宝琴甜甜地一笑，依偎在程辉身边，小鸟依人的模样楚楚动人。没出嫁之前，宝琴是家里的独生女，十指不沾阳春水，除了会烧开水，其他家务活什么都不会做。嫁人之后，一开始，她还在微信上问我，饺子怎么煮才算熟了。很快，她的微信上频繁晒美食：韭菜盒子、葱花饼、臊子面等等，我隔空怒吼，你个没出息的，你爹妈养你二十多年都没吃过你做的饭，咋这么快就为一个男人大变身了？

　　她嘿嘿笑，说，有了自己爱的男人，就是要宠着、惯着，把他养得又白又胖！

程辉早年丧父，由母亲一手带大，姐姐前年离了婚，所以宝琴和婆婆、大姑姐住在一起。宝琴为了和婆婆套近乎，硬是学会了织毛衣，一有空就缠着婆婆虚心请教，还为了大姑姐后半生的幸福屡次发动我们给介绍个靠谱的男人。

也许是小说写多了，我总隐隐担心最恶俗的剧情很快就要上演，于是，旁敲侧击地说，你呀，也不能对男人太好了！宝琴好像没听到我说什么，欢快地说，他呀，今晚在单位值班，我给炖的汤，很补的，一会儿给他送单位去。我仿佛看到一个女人沉浸在幸福中的模样，把到了嗓子眼的话又硬生生咽了回去。

在宝琴的倾力照顾下，程辉一心扑在事业上，很快在单位崭露头角，升为大区经理。可爱的宝宝出生后，宝琴成了晒娃狂人，当然，顺便也会晒老公。她的微信和 QQ 空间里每天都会发宝宝的各种照片，给程辉买的新衣服、皮带、钱包等价值不菲的奢侈品都会放上去，底下一片赞叹声。

大家都说，原来传说中的贤妻就是宝琴这个样子的。

看着宝琴并没有在柴米油盐中把自己熬成黄脸婆，而是趁着干家务的间隙练瑜伽、做面膜、看书、听音乐，身材越发凹凸有致，脸蛋也光可鉴人，我庆幸，这世间总算有个例外，经常取笑她，别太幸福，梦里都会笑醒吧！

有一天晚上，宝琴忽然打来一个电话，很平静地说，我准备离婚了。

耳朵嗡嗡响，我又问了一遍，你说什么？离婚？

我想，我肯定是听错了，只是，听筒那端传来渺如轻烟般的叹息声。

他出差时，和朋友一起去应酬，碰到一个女人。当晚喝醉了酒，那女人烂醉，他就好心送她回去，两人就滚床单了。随后，他回来了。可那女人耐不住，飞过来住下，给他打电话，他就发骚，冲过去了。我一开始感觉他有些不对，没多想。前天晚上孩子病了，给他打电话都没接，我就知道坏了！没什么可说的，离婚！

事情来得太突然，我根本不知道该说什么才好，过了好久，才骂了一句，渣男，管不住自己那玩意儿！你真离啊？

我把他宠成了王八蛋，必须离婚！宝琴斩钉截铁地说。

宝琴那么痴情，根本离不开他。某人耸耸肩。

混蛋，要不是宝琴，他能有今天的成绩？家里油瓶倒了，都不让他扶一下，王八蛋！咋那么贱呢，遇到女人一撒娇，就受不了了。有第一回，难保没有第二回！你要是敢有那么一天，哼！我冷哼一声。

哈哈，我不敢。某人哈哈大笑。

说话间，闺蜜娇娇的电话就打来了，她气得骂了程辉一箩筐的话，紧接着，说，宝琴啊，太不爱自己了，省钱把王八蛋拾掇得帅气着哩，她倒是穿几十块钱的地摊货，白瞎了她那个人了。

你看我吧，我只要看中好衣服，立刻买，把自己打扮得美美的。我都花我老公那么多钱了，他舍不得离婚。哈哈哈！

我被娇娇逗笑了，说，由此说来，我明天应该带着钱冲到商场从头到脚置办起来！

我们俩说笑了一阵子，挂了电话，仍然为宝琴担忧。

有太多太多的贤妻，带着对丈夫和家庭的爱，全身心地投入到柴米油盐的生活中去，她们爱家、爱儿女、爱老人、爱丈夫、爱生活，唯独忘了爱自己。最常听到的一句话就是，都结婚了，打扮给谁看啊？或者说，嗨，老夫老妻了，整那些没用的玩意儿干吗！她们最拿手的就是把家收拾得窗明几净，把孩子照顾得妥妥帖帖，从烤蛋糕到做川菜、从换灯泡到修马桶，十八般武艺样样精通，去商场里眼睛只盯着男装和童装，慈爱的目光里母爱泛滥。出门时，看着丈夫和孩子被自己喂得白白胖胖，内心无比骄傲和安宁。偶尔，贤妻会问，哎，我要不要化个妆？通常，丈夫会说，化啥啊，你这样挺好，我就喜欢你素颜。街上化妆的女人都是不自信的，像我老婆这么天生丽质的根本不需要化妆。贤妻喜不自胜，心里念叨着，腹有诗书气自华，站在镜子里左看右看，越发感到自己的脸蛋从里到外透着独特的光华。

慢慢的，丈夫事业上节节高升，孩子一天天长大，贤妻却忘了自己的人生！中国男人永远是种奇怪的动物，他欣赏美丽不可方物的女人，却认为自己的老婆朴素点安全；他喜欢和智慧型的女人做朋友，却不会把她娶回家；他用君临天下的感觉打量家庭，基本不夸奖妻子，认为女人越夸越不知天高地厚，偶尔良心发现陪着逛个公园便立刻封自己为模范丈夫。潜意识里，他希望女人身体健康、面貌端正，家世良好，未来的岳父、岳母别给自己带来什么麻烦，最好有一笔丰厚的嫁妆，未来的妻子还能有份稳定的工作，怀孕时别太娇气，生产后立刻恢复凹凸有致的身材最棒了，温柔懂事善解人意，靓丽大方顾全大局，既能像个家庭主妇一样做一桌子小菜调节生活，又能像个文艺青年似的时不时聊聊人生和理想，在床上妖娆性感，在生活上像个小女孩一样纯情且简单……

我呸，有这样的女人还轮得到你吗？

注意，当你发觉身边的男人有以上类似症状时，请把这句话抛给他，让他认清楚自己有几斤几两！

所谓爱自己，就是别辜负青春和时光，身体发肤受之父母，身为女人，凭什么不让自己妖娆而摇曳呢？普通女子，挑一两样自己感兴趣的发展为爱好，甚至让爱好茁壮成长为安身立命之本，随时保障生活，穿有质量的衣服，用好的化妆品，有自己的朋友和圈子，爱丈夫、爱儿女，首先请最爱自己！最爱自己不是自私，自私本是人的天性，先把自己的一切稳妥安置好，让自己的人生潺潺流水般流动，才会更好地爱家人。

宝琴没有回家，她放下一切身段，到家政公司当月嫂。凭着照顾程辉一家子练出来的利索身手和本就储备的知识，很快就脱颖而出，成为最抢手的金牌月嫂，她发展了一大批固定的客户，积累了足够的人脉，开了一家自己的月子中心。

亲爱的，我没有荒废自己，干家务也有很多好处，精力旺盛，熟悉家务的各个环节，照顾孩子的吃喝拉撒睡，每一步我都非常了解。这么多年以来，无论程辉人在哪里，多晚回家，我都在家里等他，任凭他想吃什么，我都能立刻做给他吃。我太爱他，太宠着他，忽略了人的劣根性。不能全部怪他，一段婚姻的失败，绝不是一个人的错！

我从宝琴的话里听出了弦外之音，不由自主地问，你难道准备原谅他？

宝琴笑了，毕竟有孩子，但我会给自己和他一段很长的考验期，如果他能从头再来，重新用热情和诚心来追回我，如果我能随着时光的流逝淡忘心底的伤痛，可以原谅他，那么，我们就还有机会。

如果发现自己还像个怨妇似的一生气就拎出他和那女人滚床单的事情唠叨个没完，那就算了，你俩还是相忘于江湖吧！我连忙补充道。

嗯，你说得对！也许，我们会复合，也许，在未来的日子里，我们都会遇到各自喜欢的人，说不定，一切都是未知的。宝琴笑了。

我问身边这个男人，哎，我不是贤妻啊，你觉得我该开始大练兵了吗？

他刮刮我的鼻子，笑，把家收拾得干干净净，从川菜到粤菜到点心样样精通，还能把娃带好的，得是最低月薪一万块起的金牌保姆吧！如果一个家要求的是这些，找保姆就行，不用找爱人。

就凭你这句话，我决定今晚洗个碗！我狠狠亲了他一口，笑眯眯地说。

如果不快乐，请果断拒绝！

一位许久不联系的阿姨忽然打来电话，托我给某个女孩子介绍个对象。

我顺口问了很多细致的情况，那位阿姨热络地说，我把人带到你家给你看看，就知道了。

没等我说什么，阿姨在两个小时以后领着一位姑娘进了我家的门。

小琴？虽然多年不见，我还是一眼就认出那位低垂着脑袋的姑娘居然是大学时的同学。

小琴猛然抬头，一愣，随即慌乱地咬着嘴唇。

十年前，小琴住在我隔壁楼的宿舍。她个子高挑，脸蛋上长着几粒雀斑。这样一个平凡的女孩却找了一位高大帅气的男朋友，一时间轰动全系。同宿舍的小静说，那是因为小琴长了一双桃花眼，特会放电，要不然，凭她……也许是这个缘故，其他女生都不愿意搭理她。而她，也是来去如风，像个"独行侠"。夏天的一个中午，我正睡得迷迷糊糊，小琴不知何时来到我床前，搓着手小声问，亲爱的，借我点钱好吗？我男朋友病了，没钱去看病！

　　原本，我和小琴没什么交集，仅仅算是认识。不知为什么，我看着一向高傲如孔雀般的小琴低眉顺眼的样子，心一下子软了，从包里掏出五十块钱递给她，嘱咐道，这可是我一个星期的伙食费，你一定要及时还给我呀！小琴点点头，一个劲儿地道谢，出门而去。那个时候，五十块钱对于我这个穷学生来说无异于一笔巨款，同宿舍的姐妹都骂我不长脑子，都说小琴不会还钱给我了。可我却莫名地相信，小琴一定会还钱的！

　　一个月后，我在楼道里碰到小琴忍不住想提钱的事情，她却一见到我就逃回宿舍。两个月后，我只能向家里撒谎逛街时丢了钱。再见到小琴时，她很坦然地从我身边路过，显然已经忘记了借钱的事！

　　后来，听说小琴和她那个帅气的男朋友分手了，再后来，毕业之后我们各奔东西。

　　没想到我和小琴竟然在这种场合下见面，那位阿姨显然不清楚我和她之间的过往，一个劲地说她的好话。寒暄了一阵子，我送阿姨和小琴出门的时候，一直沉默的小琴忽然说要上个卫生间。

　　那、我，喏……卫生间门口，小琴执拗又慌乱地把一张人民币塞到我手里，说，没想到是你。介绍对象的事儿，随口说说的，你……

　　我忙说，有合适的一定会给你留意的，你这是干什么啊，拿回去！

　　小琴说话间扭头往外跑去。

　　我看着手里的五十块钱，左右为难。当年，青涩年华里的我面皮薄，总怕拒绝别人就从此得罪了他（她），殊不知当断不断，反受其乱。很多时候，我们害怕拒绝，怕说出口的那一刹那失去些什么，伤害到什么，于是，潜意识里选择暧昧和模糊，盼着对方时间长了自己能领悟，自动退缩。但是，自有他人言之凿凿地质问，你为什么不早点告诉我……那年，志文对燕子痴情一片，燕子几次三番想拒绝，却下意识地享受着志文对她的嘘寒问暖，她时常对志文说，你是我的男闺蜜，她暗暗揣度对方总会知难而退。不料，志文从燕子的态度中嗅到暧昧的滋味，满心欢喜地认为自己终有一天会打动燕子的芳心。毕业两年后，燕子嫁给一位本地大户人家的儿子，家境殷实。最爱的女人结婚了，新郎却不是自己，志文崩溃得在婚礼现场质问燕子为什么欺骗自己的感情，燕子气愤地说你自己没眼色还怪我……经过这番折腾，两人多年的友谊毁于一旦，就此不再来往。

　　如果我当初果断地拒绝小琴，那么，我们再次相见就不会如此尴尬；如果燕子找一个合适的机会给志文说明自己内心真正的想法，他们二人也许会成为一辈子的好朋友。人生没有如果，很多个岔路口，我们患得患失，怕朋友来借钱，如果拒绝了，从此就失去了他的友谊；怕不遵循父母的想法，会伤害亲情；怕拒绝，不敢坚定地遵守内心最真实的想法，忍不住摇摆、徘徊、犹豫，甚至收拾衣柜时，总认为这件能穿，那件也还挺新，一来二去，衣柜里攒了一堆旧衣服，一年四季都没有穿上身的机会。

不快乐，因为内心的负荷太重，哪一件都怕丢下，怕失去，却在行走的过程中失去更多，伤害更多。不如让嘴角扬起，勇敢地拒绝，果断地丢弃不再能带给我们愉悦感的事物，轻盈向前。

一段婚姻的失败绝不是一个人的错

听到小丽和磊子离婚的消息，我吃了一惊。

这个婚不离不行，我不就把饺子煮烂了吗？我从来没煮过饺子，根本不知道煮多长时间才能熟，这能怨我吗？这么快就不疼我了，当初追我的时候可不是这样的！

小丽在电话里悲愤地哭着，由于情绪太激动，连声喘着粗气。

说小丽和磊子能走到离婚这一步，我们谁都不信。小丽高挑漂亮，又是研究生，要不是磊子死缠烂打，360度无死角地宠爱让她动了心，她又怎么会选择留在银川这座小城市呢。

我搜肠刮肚地安慰了小丽许久，挂了电话，就赶紧拨通磊子的手机。

工地这会儿忙着呢，等会我去你家，好好聊聊。磊子闷声冒出一句，随即挂了电话。

做饭、洗衣等家务活，我全包了，她一个月的工资全部自己留着花，买的全是几千块一个的包，我穿几百块的。女人嘛，喜欢臭美，我理解！可也太那个啥了，一句话都不让我说，明明是她的错，都不允许别人说一句，气死我了！

半小时后，磊子坐在我家的沙发上机关枪扫射一般吐出一大串话。

原来，结婚两年多，小丽一直享受着磊子的照顾，两人相安无事。平时磊子在工地忙，小丽一个人解决吃饭问题。这一次，磊子出差回来，他们俩共同的朋友永军从上海到宁夏出差，好友到来，肯定得请到家里来聚一聚。磊子早就买好了凉菜和饺子，嘱咐小丽把家里收拾一下，把饺子煮好，等他下班回来的路上把永军接上，就可以吃了。十指不沾阳春水的小丽把饺子下锅之后才傻眼了，水添得太少，饺子放得太多，一不小心，黏在一块，煮成了一锅粥。

磊子和永军坐在餐厅里喝着啤酒，等等，饺子还不好，又等等，饺子还没上来。磊子急了，到厨房一看，顿时明白了，他又气又急，忍不住说了句，你怎么连饺子都不会煮！小丽尴尬不已，生气了，当即吼道，不会煮怎么了？我第一次煮饺子……两人大吵一架，离婚的话脱口而出。

那你们还真离啊！我倒吸一口冷气，问道。

磊子说，小丽骂我，说我要是不离婚就不是男人！

我忍不住想笑，动不动就把离婚挂在嘴上想吓唬谁啊，真离了，难道就是英雄吗？

送走磊子，我约小丽去咖啡馆谈心。

　　没等我说什么，小丽已经开始侃侃而谈，从她和磊子第一次见面到婚后的点点滴滴，她为了他远离家乡和父母，抛弃了老家唾手可得的稳定工作，为了他流过产，为了他一个人忍受孤独和寂寞，等等，总之，磊子对不起她，磊子就是个挨千刀的货！

　　你在家里什么都不干，连卫生巾都是他给你买回家，他对你也很好的。你为他做过一次饭吗？为他洗过一次衣服吗？孩子，一段婚姻的失败绝对不是一个人的错，一个巴掌拍不响！我有点生气了，气小丽到这个份上为什么不反思一下自己！

　　翠姐，你怎么能这么说？我不是为了他，干吗留在宁夏这个鬼地方，大西北的风沙把我的皮肤都搞坏了知道吗？我当初皮肤多好，现在呢！小丽噌地站起身，哽咽着说完，转身离去。

　　事已至此，多说无益。渐渐的，当初活泼开朗的小丽在朋友圈里一说话就是关于婚姻和家庭的，有朋友要结婚，她就冷冷地在微信群里抛出一句，哼，婚姻就是爱情的坟墓，男人都不是好东西！有朋友有了心仪的男神，她就会飘来一句，小心，长得帅的男人都花心，最后还不是要离……她就像个刺猬，把每一根刺都竖起来，随时处于战备状态，而她的微信隔三差五传一些喝酒的照片，红酒、白酒、啤酒，她的情绪全天24小时都处于全面爆发的状态。有一次，她传了一张素颜照，曾经光滑白皙的脸上有了斑点、痘印，照片上还写着，我病了，从身体到心灵！

　　很久没联系小丽，我从忙碌的生活中抽离出来，酝酿好了一肚子的话说给她听。

亲爱的，你这样糟蹋自己的身体，何苦呢？喝酒买醉，让坏情绪左右自己，长期下去，转氨酶升高、高血脂、高血糖等都会找上你，内分泌失调，皮肤会不好，各种妇科疾病也会找来，到时候你再高喊，老天真不公平，我离婚了，又让我得病，那时，已经迟了！你换位思考一下，磊子对你真的不错，他最糟糕的就是把你宠坏了，你根本不知道自己病入膏肓，爱情再美好，终归要吃饭、要洗碗，要归于琐碎的生活！你可以不用做家务活，可你独自一个人的时候，起码要有生活的能力，至少可以弄一碗鸡蛋面才对得起自己，否则，胃是会抗议的，胃溃疡、胃窦炎等会找上你的！你是为磊子做了很多，爱情是平等的，不要以为他对你好是欠你的，他不欠你什么。他为了你，也很辛苦地干活、拼搏，这世界谁都不欠谁。他是个好男人，仍然爱着你。多保重！

说完这些，我已经做好了被小丽永远拉黑的准备。顺手翻看她的微信，忽然发现，什么都不会做的小丽其实已经蜕变成了另外一个人，干净整洁的屋子、喷香的西红柿鸡蛋面、独自修好的马桶……离开磊子一个人生活的日子，她其实已经感受到柴米油盐里琐碎的辛苦，只是，她嘴硬，不想承认。

过了几天，上班时，在门诊大楼碰到磊子陪着小丽来看病。

磊子悄悄对我说，小丽血脂有点高，陪她来看看。

你在微信上骂我的事儿，我就不和你计较了！毒舌，我真的高血脂哦，还有胃炎！不过，你骂得对，骂醒了我，我确实够差劲的，总埋怨别人，根本不从自己身上找原因！小丽咬着嘴唇小声说。

我笑了，冲他们点点头。

当初带着对爱的憧憬走入婚姻，每个人都希望在婚姻里摇曳生姿。可作为千千万万普通男女中的一员，要努力干活想要获得肯定，要上班、下班、买菜、做饭，日复一日过着平淡的生活，女人希望男人宠爱自己到老，男人希望事业步步升高证明自己的自身价值，这世界没有完美的生活，在柴米油盐里总有些不顺心的事情，房子太小、薪水太少、孩子太闹、车子遥遥无期，累得像狗，却仍要坚持向前，负面情绪大爆发的时候往往不管不顾，最终可能伤害到身边的亲人，让自己的情绪更糟糕。有些人自以为为对方付出太多，对方理应抱着感恩的心回报自己更多的爱，孰不知爱情是没有道理可讲的，谁都不想和一个以救世主自居的恩人谈情说爱，心理负担太重的婚姻总有一天要崩盘。不要总拿爱情终归要转化为亲情来安慰自己，欺骗自己，爱情如果平静地转化为亲情，他的左手摸你的右手时，如果没有了炙热的温度，那绝对是出现了问题，不要一个劲地埋怨别人，请先检查自己：是否在生活的道路上停滞不前？是否在时光里变成了一个絮叨、墨守成规的女人？是否失去了当年鲜活的上进心，成为面目狰狞、怨天尤人的男人？一段美好的婚姻需要两个人的理解、包容、忍耐，而一段婚姻的结束往往只是瞬间的事情。如果你爱一个人，请抱着修炼的心，让自己在婚姻这所学校里历练得越发妖娆，让你的他也清朗如少年！在千万人之中遇到自己爱的人，有的人终其一生都不会有这个机会，如果你遇到了，要珍惜啊！

伤心断肠汤

小雨滴滴答答的，顾然换了一袭碎花的长裙出门，撑一把淡绿色的伞。这样的天其实不适合穿裙子的，可想到要和许汉见面，说什么也要打扮漂亮点，顾然依然细细地化了妆，小心拎起裙角，迈着小碎步慢慢往小区门口走去。正走着，保安喊，顾然，有你的礼物。说着，嘴角朝着桌子上的一大束百合撇了撇，眼睛里含着深沉的笑意。

是许汉！顾然欢喜地上前捧起花，给保安道了谢出来，拨通许汉的电话，娇憨地浅笑，咦，干吗不见面送呢？难得你这么多年都记得我生日！

在许汉面前，顾然是低到尘埃里的，他的一句话、一个皱眉、一点点笑意都会令她心潮起伏。然而电话那头的许汉却略有些无奈地回答，其实，真不是我送的，早就告诉过你了。

那，那……顾然一愣，她想问，那我们到哪里见面？这句话不知怎的，悄悄地咽了回去。

顾然，谢谢你这几年的陪伴，我要结婚了。你骂我也好、恨我也好，我们一开始就说清楚了的，彼此不会成为对方的负担和牵绊。我找到了自己心仪的对象，希望你也幸福。再会。许汉疏朗的音调低沉而有力，在寡淡的雨天更具穿透力，像只无形的手，把顾然的心撕扯得支零破碎。

三年前，顾然来到这座城市，刻意到许汉的公司上班。陪他加班到深夜，把自己想的创意提供给他，给他煮米酒鸡蛋，为他端去香喷喷的咖啡，甚至厚着脸皮提出不妨交往看看，如果有一天彼此找到对方的真爱，那就潇洒地分手也好。

顾然想，像自己这般平凡的女子，卓尔不凡的许汉哪里会入眼，对他用尽温柔体贴，终有一天，也许，他会明白自己的心意。不料，三年的朝夕相处，许汉仍旧没爱上自己。

七年前，顾然第一次见到许汉，她站在大槐树下，他抱着个篮球，额头上的发湿漉漉的，他甩甩头，眼睛里有璀璨的光闪啊闪，随即生龙活虎地活跃在篮球场上。

她喜欢看他笑，清透发亮，像夜空的星星，清冷辽远，让人心情恬静而美好。可她，是那么的不起眼，瘦巴巴的像根豆芽菜。她只能偷偷拿起他的作业本，用手指摸摸他的名字，偶尔打扫卫生时假装不经意间坐在他的座位上，似乎仍旧能感受到他的体温……

顾然站在小区门口发呆，黄豆大的雨点劈里啪啦砸了下来，身后的保安喊，顾然，手里的花掉了！她一低头，手里握的仅仅是花店主人包花的一张报纸，报纸被风吹得呼啦啦响，一则广告就这么跃入眼帘：如果你被情伤了心，为谁流过泪，请来喝碗伤心断肠汤，此汤下肚，前情往事皆忘却……呵呵，顾然忍不住笑，炒作，广告这么打也算新鲜！她拾起花扔进垃圾桶，转身往回走，肚子咕咕叫。忽然想起，今天本是自己生日，这三年来都是和许汉一起度过的。此时此刻，心剧烈地疼，仍然阻挡不住饥饿感，那就去喝一碗伤心断肠汤吧。

小店位于巷子深处，门口挂着一个大大的牌子：伤心断肠汤，包你前情往事皆忘却。顾然冷笑，刚走到门口，一个小姑娘就问，您好，请问您几位？顾然答，一个人。对方莞尔一笑，好极了，本店只接待形单影只的食客。

顾然找个靠窗的位置刚坐下，一个穿白色上衣的男人就捧了个托盘出来，忘情饭一盘，伤心断肠汤一碗，慢用。祝您早日脱离苦海，忘了该忘的人。

青春散场，爱的男人却要和别的女人结婚，顾然假装坚强，绷紧的心在此时全面塌陷，她啪的一声站起来大哭着问，怎么忘？忘得了吗？

雨似乎小了，周遭一片寂静，顾然趴在桌子上呜呜咽咽地哭着，直到哭累了，声音变得嘶哑。她抬起头，店主和小姑娘似乎当作什么都没发生，穿白色上衣的男人竟然就坐在离她不远的一把椅子上抽烟，脸上隐隐含着笑意。

怎么，哭够了？吃吧！那男人淡淡一笑，一副波澜不惊的模样。

顾然一向内敛、沉静，此刻却不甘，忍不住愤愤地问，你们也太不把客人放在眼里了吧？好歹给我张纸巾啊！

与其让你把怨气郁结于心，郁闷而死，不如让你哭个痛快，省得内分泌失调，长了痘痘和雀斑什么的，丑得不能出来见人。男人咧嘴一笑，我叫阿莱，如果你加500块钱小费，我会陪你喝酒。

美死你，凭什么啊！顾然气得噌一下，转身想走，脚一软，却跌倒在座位上。她想起自己付了钱的，为什么不吃呢？忘情饭不过是一盘黄米饭，米粒在牙齿间咀嚼，黏黏的，弹性十足，喝一口伤心断肠汤，酸辣至极，顾然的眼泪瞬间又流了出来。她大声吼着，汤里放的什么啊，辣死了！会不会做饭就敢开餐厅？

阿莱笑道，我不会做饭，只会疗伤。

顾然瞪了他一眼，用汤泡米饭，没想到，酸辣汤放进平淡的黄米饭中，饭粒立刻饱满，满口生香。吃饱喝足，顾然出来问小姑娘，阿莱肯定也是有故事的人吧？

小姑娘笑，他啊，当年伤了一个姑娘的心，人家从他的生活中消失了，所以他就在这座城市开了这家店，我劝他在微信圈里发个帖子找，他不好意思。

怎么回事，具体给我说说？顾然八卦地问。

你肯定也伤过别人的心，只是你不知道而已！阿莱在身后沉静地笑着。

我？没有，怎么会？顾然晃晃脑袋，她的世界里只有一个许汉，她的青春、她的爱情、她所有的故事都给了许汉，又怎么有时间伤别人的心。

阿莱吐出一串烟圈，有些时候，你只是不知道而已。

顾然回到家躺下，又一次回忆阿莱说的话。她笑了，这家伙仅仅为了做生意搞出这噱头来，装神弄鬼的。她泡了杯茶，幽幽地坐着，想着许汉，奇怪，居然没有五脏俱焚的感觉。这么多年，想着念着，像中了蛊，一心想和许汉在一起。其实这三年来，她留长发、喝咖啡、穿高跟鞋、用大红色的唇膏……无一不是许汉所喜欢的。顾然的脚从小做过手术，根本不能穿高跟鞋，她踩着恨天高走一天，每晚回家都疼得龇牙咧嘴。她喜欢粉色的唇膏，淡淡的光泽，而不是热烈的大红色，许汉喜欢喝咖啡，所以她就得陪着。如今，他走了，顾然倒是可以放松下来，泡杯自己喜欢的茉莉花茶。人啊，真是很奇怪的一种动物。

你到底爱许汉吗？顾然突地冒出这么个问题。或者说，爱的只是青春期的那个自己，爱的只是自己绮丽的梦。脑子里胡思乱想着，手机就响了起来，是个陌生的号码。

犹豫了一下，顾然接起，喂喂了两声，对方怯怯地笑着问，是顾然吗？还记得我吗？

低沉的男中音，对顾然来说是全然陌生的，她焦躁地说，你到底是谁？

季峰！

啊，是你啊！顾然像是被人打开了记忆的一角，轰隆隆的，季峰的样子就跳到脑海里，那个留着小平头，鼻子上有一粒雀斑的男孩子，初中时候就给自己写过情书，一共两百来字的情书被顾然挑出十个错别字，她课间十分钟的时候站在讲台上大声念他写给自己的情书，挖苦他的语文还没学好……有一年冬天，他用自己的零花钱买了一双手套送给她，她却当着众人的面厌恶地还给了他，还告诉他，顾然永远不会喜欢娘里娘气的男人……记忆潮水一般涌来，顾然的鼻子竟然有些发酸，她像是失忆一样忘掉了季峰，忘记了自己也曾经伤害过的这个男孩子。

喂，顾然你还在吗？你当年说，我娘里娘气的，呵呵，现在还想再看看吗？我保证，站在你面前的是个真正的男人！季峰见顾然久久没说话，轻声笑了，每年你的生日，我都给你送一束花，不知道你收到了没有？

原来每年生日这天收到的花不是许汉送的，居然是季峰。

顾然全然没有料到，自己沉浸在对许汉的单恋中时，有另外一个男人悄悄地在身边守候着，她结结巴巴地说，我，我收到了。

见个面好吗？我在你家楼下！季峰笑着。

早就习惯了每年生日有一束百合降临，早就习惯了无聊时随时把季峰拿出来消遣，顾然惊慌失措地在屋子里来回转圈，她不知道自己该怎么面对季峰。来不及多想，穿着睡衣就冲了下去，她的脸发烫，咬着嘴唇，她猜自己胡乱盘在脑后的发髻肯定难看死了。季峰站在楼下的玉兰树前抿嘴笑着，时光带走了当年那个青涩少年，站在她面前的是个身材修长的男人，他健壮、阳光，棱角分明的脸上带着坏笑，给我个机会好吗？

顾然说，不，给我个机会好吗？

两人相视一笑。

顾然问阿莱，你是不是会算命？

阿莱说，无聊，幼稚！

顾然笑了，把她刚写好的一段话发给他，喏，你看看。

新玉：

12年前，有个男孩子和同伴打赌，谁要能追到新玉做女朋友，就能赢其他伙伴的三百块钱！这个叫阿莱的家伙借新玉的笔记抄，借新玉的面包吃，借新玉的钢笔用，借新玉陪他到医院看病……他借了新玉很多东西，包括信任和喜欢，其实新玉不知道，她活泼得像燕子似的飞来飞去，早就吸引了他的目光，她唱歌时总跑调的羞赧样儿也早走到他心里，他只是借着和别人打赌，才有勇气走到她的身边，可是，新玉以为他仅仅只是打赌而已！新玉是个骄傲的女孩，她当年只扔下一句，我要让你永远找不到我，就走了。阿莱也想忘了，只是直到现在都没能忘记。

如果你有一天遇到一个叫新玉的女孩子，请你告诉她，有个叫阿莱的家伙在等她。

如果你喝过伤心断肠汤，请紧紧拥抱你真心爱着的人。

把平凡的日子过得像诗一样

———— 〉〉 ∨ ∥ ————

live every ordinary day
to be poetry

Chapter 5
我们都是有病的人

等一个人，盼他早点出现，又怕自己还不够完美，他出现得太早，彼此会错过。锁一扇门，反复确认，下楼，到小区门口，又会想，到底锁好了没有？我们是城市中的病人，有时被爱灌满，有时又爱无力。

最好的爱情是一个人不孤独、两个人相互取暖

我是个后知后觉的人，所有对爱情的描摹和幻想都来自言情小说和身边友人的爱情实践。那时，我留着清汤挂面式的头发，和绮云每天去学校门口的书店租书，各种各样的爱情小说给头脑里送达灿若星辰的浪漫场景：什么拉一卡车的玫瑰花摆成心形啦，一屋子的千纸鹤色彩纷呈啦，一出宿舍的门就看到帅气多金的霸道总裁翩然而立，不管不顾地带着坏笑强拉自己到直升机前，眼花缭乱的瞬间，就直达巴黎……可惜，我们的学校是三流学校，宿舍的楼管阿姨凶巴巴的，但凡有男生探头探脑，必定被她杀人的目光给吓回去。身边的男生最多写个纸条，一共十句话里面总能挑出好几个错别字，爱情像是海市蜃楼，可望而不可即。

你觉得最好的爱情是什么？你喜欢的男人什么样儿？到什么样的状态下才能下决心和一个男人结婚呢？总有人问我关于爱情的话题，只是，我大概属于神经大条又发育迟缓的那种人，总认为爱情这两个字离自己太过遥远。我从小住在医院家属院，想当然的认为以后肯定要找个医生，穿着白大褂，走起路来脚底生风，

他上知天文下知地理，我有什么病，他都可以为我治，我崇拜他、爱他，和他初次见面便火花四射，至少头晕目眩，紧张、发抖，这才是心动的开始吧！绮云说，爱情一定是化学反应，彼此有燃烧的炙热感，否则，索然无味。脑海中想象着爱情的样子，实际上，我在生活中是个谨慎、慢热、克制、患得患失，很没有安全感的人，这样的我压根没法子对一个男人轻易产生火花，所以，像个孤魂野鬼似的，一直在爱情的门外飘荡着。

绮云从不对任何人说起父母离婚的事情，就像她永远不会对大兵说喜欢这两个字一样，她高傲又孤独地等着、盼着，在 26 岁那年，嫁给一位生意人。

你不是说，喜欢飞行员吗？看他们穿着制服，像一棵白杨树一样挺立着，就会脸红心跳？我不死心地问绮云。

她对着远方长叹一声，我喜欢的人不一定喜欢我，青春短暂，等不起了。我不想以后为柴米油盐操心，别笑话我。

我怎么会笑话她呢？在等待爱情的日子里，谁的心不是千疮百孔。我的生活圈子方圆百里都没有个军医，可神奇的命运之手把他阴差阳错地送到我面前……他没有浪漫地送过我 99 朵玫瑰，也没有提议一起去看夜晚的星空，更没有请我去吃西餐，安静地边吃边听着台上的姑娘弹钢琴，什么烛光晚餐、神秘礼物，突如其来的热吻，凡是言情小说里有的桥段，都没有发生过。奇怪，我却渐渐喜欢和他在一起，他在炊事班帮忙时熟练地包包子、他穿着军大衣在冬天的呼啸北风中等我，他对着一碗麻辣烫都能呼啦啦吃得很香，他满口歪理邪说，军人嘛，不能太讲卫生，否则挖光缆的时候一个月都不能洗澡怎么过？军人嘛，不能太讲究，吃饱穿暖就行，你吃剩下的就给我嘛，我以后可以当家里的垃圾桶……其实，我讨厌他不爱洗手，这么多年以来，我都是饭前洗手、出门回来要洗手、摸了键盘更要洗手，一天洗 N 次手的，其实，我吃饭很挑剔，根本搞不懂为什么他吃什么都很香，更加不明白，部队那么枯燥的地方，他为什么能待那么多年。也许，爱情来了，从前的条条框框都会在一瞬间土崩瓦解，我不是喜欢高大的、结实的、浓眉大眼的男人吗？他才一米七一，最瘦的时候才 114 斤，完全不符合我的审美，我竟然开始想念他了！

很多年后……

他说，对我一见钟情，见第一次就想，一定要娶我做老婆！然后，问我对他的印象。

我说，没什么感觉，反正闲着也是闲着，不妨见第二面试试！

他哇的一声，很受伤地问，原来你不是对我一见钟情啊！

我哈哈大笑，说，也许，有的感情是再见才能有感觉啊。

前些日子，绮云约我喝茶，她托着腮帮子对着空气说，我想要的物质生活全部有了，可是，很孤独。他常年忙生意，回到家倒头就睡，见不了几次面，见了面就是吵架。我不埋怨什么，本来，当初和他结婚，和爱情没多大关系。坐在宝马车里，孤零零的。

我们倒是挺好，可惜不能常常见面！我惆怅地说，快了，年底他就脱军装了，我再坚持一下！

爱情的模样往往和少年时想象的天差地别。既然选择了，就坚持吧。我会努力爱他，努力调整和他的关系。有人说，世界上最可怕的不是孤独终老，而是和让你感到孤独的人一起终老。有时很羡慕你，即便他骑的是自行车，也能把你逗得咯咯笑！绮云抿了一口茶，恬淡地笑着。

其实，我也会在意物质条件，想有大房子、好车子、隆重的婚礼，等等。当初我嫁给他时，他没有房子也没多少钱，结婚那天租了一辆好车充门面，偏偏车子走到半路就出了问题。我也心酸难耐过，也欲哭无泪过，但再多的外在条件充其量都是形式，两个人在一起，更多的是要面对柴米油盐的生活。我喜欢吃鲶鱼火锅，他很快就学会了，做出来的味道和饭店里的相差无几；他的便装只有一两套，总提醒我，遇到喜欢的衣服就买；休假结束时总会为我买好杂志和小说放在家里，让生活更加充实一些……我们在一起总有说不完的话，愉快而踏实，我们喜欢书法、字画、旅行和美食，享受恬淡、闲适的家居生活。

刚认识彼此时，他毛躁、固执，有时说话不考虑别人的感受；而我霸道、任性，即使错了也死鸭子嘴硬。

十年的磨合，他温润且豁达，体贴又热心，遇到问题能首先站在对方的立场上考虑；我褪去少女的稚嫩，能理智又谦和地处

理问题，错了亦能第一时间道歉······

　　我想，好的婚姻是让两个人共同成长的学校，一个人时，被爱情充盈着，不孤单；两个人时，相互取暖，相互前进，一同在漫漫人生路上修炼，成长为更好的自己！

　　也许，你在爱情里徘徊、孤单，过了大好年华仍旧没有遇到自己喜欢的男人，也许你遇到了，但你无法确定是那个他。亲爱的，如果你和他在一起有很多的话题，有说不完的话，或者哪怕静静地坐着便已经很美好，只这一点，就可以继续和他交往下去，爱情就在前方等你！也许，你在婚姻里接了一手烂牌，情况只有两种：第一，你们只是同在一个屋子里生活的熟悉的陌生人，你对他已经彻底死心，就勇敢地离开他吧！第二，努力改变自己，找出解决的办法，重新找回当初的爱意，把烂牌打出最好的效果！

女孩和女人的爱情区间

还是小女生时，我压根不懂什么是爱情，对异性最明显的悸动就是当年有个刘德华的广告超级有名，穿着白衬衫的他深情款款，清澈的嗓音像西北上空瓦蓝的晴天：我的梦中情人有一头乌黑亮丽的长发！似乎就是这句，我站在电视机前正准备到厨房帮忙择菜，霎时魂飞魄散，浑身酥麻，只觉得刘德华那一颦一笑真是好看极了，隔着屏幕就带着花火嗖嗖地飞过来。这样的场景换到《西游记》里，肯定就是捂着胸口虚弱地喊着，妖精，妖精！好吧，第一次心动是懵懂中对刘德华产生的莫名情愫。

后来长大，遇到他，在青天白日下向他走去，他站在那里，军帽下的眼睛炯炯有神，抿嘴一笑。没有怦然心动，却觉得那笑容还算动人。其实想过一见钟情，无数次在小说里见到过这样的描写，男女第一次相见就心跳加速，面红耳赤。《红楼梦》里宝玉第一次见到黛玉时，便说，这个妹妹我是见过的！金庸的小说里写福康安第一次见到马春花时，四目相对，也是暗流滚滚。由此，一见钟情真是少女时代最浪漫的畅想！只是，对于本性谨慎、内敛、克制的我来说，实在不容易一见钟情，至今没法体验这样的情感！

前几天，和一朋友聊天，两个中年妇女在寂静的夜晚聊天聊地聊男人，唾沫星子乱飞。我说，最喜欢军医了，军装和白大褂的双重诱惑，特别是在手术室里，超级帅！她说，最喜欢军人了，野战军的那种，三秒上膛，拿枪的姿势帅到惨绝人寰！有一次看完一部特种兵的纪录片后，神魂颠倒，热血沸腾地想立刻找一个军人嫁了！我哈哈大笑，说，我呸，都说当军嫂是一种修行，本姑娘修炼这么多年，仅仅让自己不成个怨妇，既没修成仙也没能成精。军人有什么好的，没法陪你，没法疼你，最多在电话里叮嘱你晚上睡觉时盖好别感冒。特别是特种兵，一个个辛苦得要命，一个月才能请假出来一次，想谈个恋爱都困难。她恶狠狠地说，你以为军医有什么好的，我闺蜜老公就是军医，忙得要命不说，还被小护士、女病人追逐，还有，你这种军医的脑残粉！他们的眼中，女人就是木头，一块肉，一个个麻木不仁……我顿时对军医没了胃口，说，那你说，哪种男人最好？那姑娘吼吼两声，说，宁泽涛、宋仲基这种最好了，和这样的男人那啥，死也瞑目了。哈哈哈，我笑得歇斯底里了，中年女人经历婚姻的洗礼之后对男人的看法果然独特，已经从精神层面上升到精神和肉体双重的衡量标准。甜言蜜语对中年女人无效，来点实际的更棒，女权主义的来临带给我们一个男色时代！鹿晗、杨洋、宁泽涛等小鲜肉们惹得一帮女人都犯了花痴病，恨不得抱着他们狠狠啃一口才算解

恨！聊到最后，笑了老半天，倒头睡，第二天醒来，锅碗瓢盆的生活波涛依旧。

女孩和女人的爱情区间隔着柴米油盐的日子，女孩要的是单纯的青涩情感，简单的甜言蜜语和视觉体验基本就可以满足她们的心理要求，而女人却完全不同，对男人的要求潜移默化中全然上升——实用、好用、耐用，贴心、安心、放心。去西京医院看病时，小护士让某人给介绍个兵哥哥，某人说，你们守着这么多军医，随便找一个就行了。小护士撇撇嘴，叹口气，说，人家都看不上咱！爱情放到婚恋市场时，被赋予了太多世俗的东西，双方的工作、学历、家世、收入等一一放上天平称量，任何一个不对等，都会导致全面崩塌。只有努力让自己变得更好，才有更多的选择权！这是一个爱情和友情都要门当户对的时代，这是一个不逼着自己破茧成蝶就不行的时代！

得不到的未必是最好的！

老同学豆豆回来探亲，大军偷偷给我打电话，说一定要搞一场同学聚会。当年豆豆和大军的青涩恋情因为女方举家搬迁到外省而被迫中断。时过境迁，大军仍对豆豆旧情未了，正印证了那句老话，得不到的才是最好的！

同学聚会，得打扮一下才行。我想起那天路过商场时，看到玻璃窗里有一条蓝色碎花连衣裙，想象着自己穿上它，必定窈窕可爱。不料，专程过去试穿时，被告知，裙子已经卖掉了！心里懊恼至极，在网上找了许久，才锁定一条样式差不多的裙子，高兴地付了款。豆豆对我在网上买衣服的事情很不屑，这妞嫁了一个土豪丈夫，穿的、用的都是名牌，我嘿嘿一笑，说，什么条件买什么档次的衣服，咱没法和你比。

大军在一家大饭店订了包间，他殷勤地开车来接我和豆豆。不料，下车时，豆豆的丝巾一不小心缠到了衣服的扣子上，扯出几根丝线来，讲究完美的豆豆非要去商场买条新的。到了商场，大军抢着付账，我知道豆豆选的是大牌丝巾，可不便宜，连忙跟着大军到了收款台。果然，听到一条丝巾居然要两千多块时，大军傻眼了，他愣了几秒钟，长叹一声，满脸窘态地小声问，你带钱了吗？我连忙把钱递给他，爱说爱笑的大军忽然沉默了，他悄悄说，要是豆豆跟了我，我真养不活她。我想起中午接到的快递，那条蓝色的裙子质地太厚，颜色暗沉，我穿上以后越发显得肤色蜡黄。没有得到它时，无数个光圈围绕着，心心念念，如今穿上了，却没有想象中那么好。大军只是个普通的工薪族，不会做饭，还大男子主义；豆豆却用惯了好的，一直享受家人的宠爱，让她去买几百块的衣服穿，她会比死都难受。

得不到的，未必是最好的！我叹息一声。

青涩年华里，豆豆一袭白裙，长发乌黑，她行走在学校里，是众多男生心目中的女神。有给她写情书的，有悄悄把礼物藏在桌肚里的，还有在放学路上围追堵截的，可豆豆唯独对羞涩腼腆的大军有好感。他们晚自习后偷偷走在夜来香盛开的街道上一起回家，他在左、她在右，不敢靠得太近，目光相互碰触时又闪电般地躲避着对方。大军在咖啡馆里长叹一声，说，那时，想拉一下豆豆的手，又不敢造次。后来，分开后，当真再也没有机会。无数次地想象着，把她细嫩的手紧紧握着，她的脸蛋必然飞起两朵红云，好看极了。就这么想着，人生如沙漏，恍恍惚惚的，人到中年。霞霞里里外外一把好手，可就是不解风情，偶尔想一块看场电影，她总说太费钱；情人节买束花给她，又问我是不是干了什么亏心事。以前总认为豆豆的老公就是个暴发户，根本配不上她。哎，现在才体会到，最不合适她的，竟然是我！如果跟了我，一起吃麻辣烫，到商城买一百多块钱的衣服，豆豆岂不是生不如死？像她那样花骨朵一样的姑娘，一定要生活得很好才行。活了半辈子，买了一条丝巾，瞬间才看清楚自己的位置。

别那么悲观。人生的轨迹不同，只能说，她不适合你。我笑笑。

此刻，豆豆已经飞往另外一座城市。我和大军因为忆青春引发的话题暂告一段落，各自回家。

在人生路上匆匆赶路，上学、工作、结婚、生子……错过很多人、很多事，曾经被惆怅包裹，心脏肿胀、疼痛，和某个朋友闹别扭，自己没有及时道歉，彼此僵持着，后来各奔天涯，再未重逢；曾有一件漂亮的衣服摆在自己面前，本来很适合我，我却嫌贵，就那么永远失去了；在疲倦的生活里浸淫久了，回忆青春时，偶尔会想，如果当年嫁给另外一个他，或者当年娶的是她，会不会更好？于是，心痒难耐，脑海中各种版本火速上演，得不到的，貌似是最好的。其实很多人，包括自己，无声无息间已然改变，当年清瘦羞涩的少年如今是侃侃而谈的中年男人，被老婆惯得四体不勤五谷不分；那时宛如新月的青涩少女现在赘肉横生，再也不想谈诗和远方……岁月改变的不仅是容貌和身体，心灵跟着也在改变。当年没有得到的，现今必然不适合你！不是有个流传已久的故事吗？有个中年男人富甲一方后，心里仍惦记着少年时喜欢的姑娘，暗中资助她，做了许多事，两人暧昧丛生，后来他得了重病，却还是想见她一面。她碍于老公和孩子，畏缩不前。就连他的妻子都哭着说，为了她，他不顾一切了，为什么见一面都这么难？中年男人至此才幡然醒悟。

周星驰的经典台词耳熟能详：曾经有一份真诚的爱情放在我面前，我没有珍惜，等我失去的时候我才后悔莫及，人世间最痛苦的事莫过于此。如果上天能够给我一个再来一次的机会，我会对那个女孩子说三个字：我爱你。如果非要在这份爱上加上一个期限，我希望是……一万年！我曾经感动得痛哭流涕，那是不谙世事、清澈透明的我，对终将逝去的爱情满心惆怅，忧伤到不能自已。而此时此刻，历经世事变迁，爱过、恨过、等过、怨过、悲喜交织，风雨四季，如果真有这么一个男人站在我面前，我想说，滚！当年你不珍惜，如今后悔，晚了！上天知你是个懦弱、迟疑的人，所以绝无可能给你一个机会，即便你说出那三个字，我们也是渐行渐远。最应该珍惜的，莫过于枕边人。

紫霞仙子说，我的心上人是个盖世英雄，他会在一个万众瞩目的情况下出现，身披金甲圣衣，脚踏七色的云彩来娶我……

这句话不知打动了多少少女的心，不知给多少人留下粉红色的回忆。也许每个少女的梦里，都会有一个盖世英雄，脚踏七色的云彩来娶自己。不过，梦想大部分是用来破灭的，大部分的女人都嫁了一个普通的男人，一天的生活莫过于吃喝拉撒，锅碗瓢盆。

正因为得不到，正因为生活是如此乏味，电影才把如此绚丽的梦给予我们，带给我们温暖和憧憬。

以为得不到的就是最好的，潜意识里并不是真的想得到，其实心头念念不忘的仅仅是青春罢了。既然时光流转，一路向前，那么，错过的，就让它过去，得不到的，放在心底深处；怜取眼前人，且以情深共白头……

你面目狰狞，生活必还你凄风苦雨

乌兰和高林恋爱的时候，乌兰全家人都激烈反对，原因很简单：高林兄妹 6 个，家里穷的就剩下那几亩薄田，而乌兰水葱似的姑娘，她爹指望着自家姑娘嫁个好人，谈不上光宗耀祖，至少衣食无忧。情窦初开的年纪，哪里想那么多，情到浓时，乌兰毅然从家跑了出去，和高林在城里租了房子同居起来。

你真的不后悔？乌兰的父亲气得老泪纵横，当着众多亲戚的面质问。

不后悔！乌兰目光清澈，带着对爱情的憧憬，坚定地摇摇头。

从此后，乌兰跟着高林远走他乡，可谓为了爱情，抛弃了全世界。

高林深情款款地说，你等着，我一定会混出个人样来，带着你回老家。

一开始，高林和人一块开了个小家装公司，到处谈生意，见到人就想问，您家里需要装修吗？一年下来，钱没挣多少，倒是落下了腰间盘突出的毛病。而乌兰应聘到一家私立幼儿园当老师，整天和孩子们在一起，白净的脸上满是笑容。高林一脸阴霾，回到家一句话不说，唉声叹气。恰在此时，当地的猪肉价格飞涨，朋友都说，哎哟喂，谁要是养一群猪，绝对发了。高林火烧火燎地奔到当地农村搞起了养殖业，结果，他养的猪刚出栏，猪肉价格就一路下跌，他嫌乌兰炒的菜太咸、熬的粥太糊、成天傻乐呵，一点都不知道为他分忧。三年的时间，乌兰眼见当初淳朴上进的高林一步步变成了一个满脸横肉的人，内心的失望弥漫开来。

咱们到公园散散心吧？

不去不去，哪有那心思，你能想点正经事不？

今天我烧了鱼头，你尝尝？

就知道吃！

晚上看电影吧？

两张电影票就一百多，再吃顿饭，得花多少钱啊？败家娘们！

……

起初的浓情蜜意已然褪色，冰冷的对话像是生活了几十年的老夫老妻，高林像头暴躁的狮子，在柴米油盐中喘息不定。乌兰在微信上和我说，已经感受不到快乐了，想回老家，怕大家笑话，想继续，好像已经不爱了……

我默默地看着她一条又一条的微信，不由自主地皱着眉头。想起表弟，当初上小学时，成绩不好，但豪情万丈地说，我一定要上一中！结果，没考上一中，他暴怒地表示，父母一定要把他弄到一中去，否则他要离家出走。后来上了一中，成绩依然不好，可人家信誓旦旦地说，要上研究生！后来，靠着家里的关系，他勉强上了一所大学……很多人在生活里豪情万丈地起誓，恨不得给他一个支点，就能撬起地球。地球没撬起来，怨气早就化作滔滔黄河水，冲刷得周围的人都摇摇欲坠，他不开心，天下人开心就都是错，他抑郁，阳光都嫌多余……

昨天上班，周末病人很多，一群人都在安静地等着，忽然冲进来一个男人嚷嚷着，给我开点药，快点，赶时间！

不好意思，您没有挂号，没法开！我很客气地说。

我光开个药还要挂号？怎么这么麻烦啊？他烦躁不安地抓抓头，转身就走。

一会儿，挂号回来，他要求开四盒药。

抱歉，除过大病医保之外，门诊只能开一周之内的药量。我非常抱歉地解释。

他冲到我面前大吼，不可能，我以前也开过。怎么会有这种规定，你们医院怎么这么麻烦？老人在家等着吃药，你懂不懂？为什么这么多规定，烦不烦？

诊室的人都愣住了，鸦雀无声。

我也愣在那里，原本心情舒缓，不算太糟，不知为什么，看到他那张满是曲线的脸，灰色的线条牢牢笼罩着他，我顿时感到心烦意乱。

这是规定，我也没办法，只能遵守。我叹了口气，轻声说。

烦死了，好吧好吧，开上吧！他翻了翻白眼，接了个电话，大声地抱怨着，一早上开车就被蹭了一下，吃个拉面又被服务员把汤洒在身上，开个药也不顺，他妈的烦死老子了！什么？你怎么这么麻烦啊？行行，就这样。

他离开诊室的那一刻，一个小姑娘冷冷地说，更年期综合征！周围的人无声地笑了笑。

活了几十年，大道理谁都懂，只是很多人在路上会迷途，麻木不仁地活着，怨天、怨地，唯独不反省自己！谁都不愿意看到你那张臭脸，在生活的艰辛面前，依然保持笑容、淡定的人才值得尊重。更有很多人，在外礼貌有加，把满腹的怨气攒着回家，把亲人当海绵，压根不讲究说话的方式方法，直到无可挽回，才后悔不迭。

如果你满腹怨气，面目狰狞，那么，生活还给你的必定是凄风苦雨！笑一笑，做一个治愈系的人，在风里感受细雨的轻柔，在雨里闻一闻风的味道，有一双发现美的眼睛，永远会快乐而迷人！

36.7℃——常温爱情

　　徐敏和程一钊两天没联系了，好像因着某种默契，两人都淡了下来，他不打电话，她也不发短信。

　　30 岁的关口，在这座小城已然成为"众矢之的"，谁都有权利对自己的生活指手画脚，哎，小敏啊，早点找一个安定下来呀……徐敏也算憋着一口气，在一次朋友聚会上遇到收入稳定且家世良好的程一钊后，两人很快进入你侬我侬的阶段。徐敏想，结婚时，自己买辆车当作嫁妆，程一钊的房产证上顺利出现自己的名字，真是两全其美。孰不知，程一钊在谈起这个问题时，却很快转换话题，她内心的怒火足以燃烧程一钊那个小公司。

　　下班回家的路上，徐敏打了一辆车到机场接曲阳。说实话，这个世界上，徐敏最不愿意见的人就是曲阳！曲阳一个大男人，一个准医生，什么科不好学，偏偏主攻方向是妇产科，气死人！他在甘肃某个小城的医院实习时，轮岗的时候正好在妇科，而徐敏那段时间白带异常，她吓坏了，好朋友曲静连忙说，你去找我弟弟，好歹能帮上点忙。依徐敏的想法，曲阳给她介绍个老专家，然后就可以走了。万万没有想到，她躺在检查床上脱掉裤子，张开双腿时，听到外面有段对话……

你去吧，取一点白带！

啊，我啊。老师，我！

快去呀，我这会忙着呢！

不，不，不！

……

话音未落，徐敏憋红了的脸正好碰上曲阳尴尬不已又跃跃欲试的神情，她呼啦一下火速提上裤子，气急败坏地说，你做梦，你这个流氓！

姐，姐，你听我说嘛！

徐敏才没有心情听他说什么，又羞又气地奔赴另外一家医院，和曲阳的初次见面就这么落荒而逃！

曲静在电话里说，曲阳不想在小县城的医院待着，说什么也要来银川，不管咋样，赶紧给她弟弟介绍个对象，全家就安生了！

徐敏和曲静是大学同宿舍的好朋友，怎么好意思拒绝！放在以往，她必然不显山不露水地说，那谁，程一钊有车，我们一块儿去接。以此显示，自己过得还不错，不仅觅得如意郎君，他还是个小老板，开着20万以上的车子。现在，偏生自己和程一钊冷战，情何以堪啊，由此可见，曲阳简直就是灾星。

敏姐！

望着不远处蹦过来的那个又高又帅的男人亲热地喊自己姐，徐敏不由得发愣，几年不见，曲阳蜕变得高大而结实，目光如炬。

她硬着头皮打了一辆出租车来了，曲阳坐进车子里，新奇地东看西看，说，姐，我刚来，没钱没地方住，外加没工作，就住你那儿了！

啊？

徐敏回头一看，刚想说，那怎么行？孤男寡女住一块儿让邻居怎么想。可曲阳噌地拉起她的手撒娇，小声说，你最敏感的部位我都见过了，咱俩都这么熟了，怕什么啊。

你，你，你信不信我杀人灭口啊！徐敏火气十足地说。

哎呀，反正我赖你这儿了！曲阳压根不想听她的话。

其实晚饭徐敏早安排好了，她想把表妹介绍给曲阳。对于她的办事效率，曲静相当满意。

表妹一看曲阳棱角分明的脸，立刻显出娇羞状，徐敏嘿嘿直乐，在回家的路上徐敏还一个劲地给曲阳絮叨，表妹能干、大方、活泼、可爱等等。曲阳忽然冒出一句，有你好吗？

徐敏的心里没来由地咯噔一声，曲阳的眼神炙热，欲言又止，她呸了一口，胡说什么呢，小屁孩。今晚你睡沙发，可别胡乱走动啊，你们当医生的个个都是神经病！

回到租住的房子里，徐敏就迅速把自己关在卧室，整整一个晚上，任凭曲阳喊破喉咙，也不开门。

程一钊倒是来了条短信，不咸不淡地问，晚饭吃的什么？这两天还好吗？有点忙，没联系你！

都是成年人，他给一个台阶，她自然要下，于是回了一条，还行。

淡淡地聊了几句，徐敏关了手机，莫名地感到迷茫：年纪大了，工作一般，家世一般，没有太丰厚的嫁妆……在相亲这座菜市场里，蔫巴巴的，实在没什么竞争力。和程一钊走到谈婚论嫁的地步，一个是恨嫁的心在作怪，另外一个是觉得带他到亲友面前还算体面。如此一来，爱情被现实挤得皱巴巴的，爱程一钊的心到底有几分，徐敏也说不清，在他面前，心海掀不起一点波澜。

夜半时分，徐敏被一阵疼痛折磨醒了，一阵阵的恶心，小腹胀痛，她跑进卫生间蹲在马桶上，痛苦得一阵阵呻吟。晚饭时，剩下半碗米饭，表妹和曲阳谁都不想吃，节俭的徐敏只好拼命加上了，谁知……

卫生间的门嘭的一声被打开，曲阳着急地问，你怎么了？

昏黄的灯光中，曲阳就穿了条内裤，结实的胸肌和腹肌崭露无遗。徐敏蹲在马桶上惊声尖叫，出去出去。她竟然把家里还有个男人这事儿忘得一干二净。

瞧你，真是的，我会强奸你吗？干瘦干瘦的，我都没兴趣好不好？曲阳气得退了出去，在门外喊着，我给你倒了开水漱口。哦，我这儿有药，出来快点吃了！

徐敏吐得一塌糊涂，出来时，她懊恼地说，反正每次遇到你，总是我最糗的时候！

我不这么认为啊，我们的相遇难道不美好吗？哦，对了，明天中午我要吃醋熘白菜、红烧鲫鱼，还有榨菜肉丝汤！曲阳说着，就回到沙发上。

徐敏的胃又是一阵疼，想得美！

我的身材好吧，一般女人想看还看不着呢，给你看了，让你做饭给我吃，扯平！曲阳嘻嘻笑着。

接下来的一周之内，徐敏每天都给曲阳热情地介绍对象，却都被他否定。晚上刚回到家，就接到程一钊的电话，寒暄几句后支支吾吾地说，看到她和一个很帅的男人在一起，是不是有了新的发展对象。

徐敏连忙解释，是闺蜜的弟弟，暂住，工作落实之后就走。还托程一钊给曲阳介绍对象！程一钊好歹算个合适结婚的对象，说什么也不能散了，徐敏恼火地来回踱步，问，你到底喜欢什么样的？你说！明天赶紧去找房子，从我这儿搬出去！

曲阳撇着嘴，定定地站着，冷不丁冒出一句，喜欢你啊，只有你这么傻的女人才看不出来！

徐敏倒吸一口冷气，差点被自己的口水噎死：曲阳比自己小5岁，又是闺蜜的弟弟，给表妹介绍过！再说，在曲阳炙热的眼神里，她总觉得脸发烧，恍恍惚惚，这种失控的感觉让她惊慌失措。

不可能！明天给我滚出去！徐敏转身想走，曲阳却上前一步猛地拉她入怀，紧接着，他的唇重重地覆盖上她的，挑逗着她平静如水的内心。这种猝不及防的局面令徐敏战栗不已，唔了一声，想推开，却由不得她，曲阳紧紧抱着她，他身上若有若无的青涩香味悠悠地飘了过来，她浑身发抖，忍不住嘤咛一声，软绵绵地靠在他的怀里。不是没和程一钊亲热过，程的动作轻柔，眼神亦柔和，蜻蜓点水一般，哪里像现今这般如烈火焚身。

你也是喜欢我的，对不对？曲阳轻声问了一句。

不，不！徐敏的魂魄仿佛才回到自己体内，她挣脱他的禁锢，跑到卧室把门锁起来。

程一钊约徐敏一块吃午餐。饭后，他特意榨了点果汁给她，温和地笑着说，石榴加橙子，女人喝很好的。

徐敏抿了一口，皱皱眉头，有点凉。

爱情的温度不能太低，更不能滚烫，那样，会灼伤彼此。人体最佳温度是 36.7℃，我用手给你焐一会，刚刚好。

一直以来，徐敏都是按部就班的人，没有过波澜起伏的恋情，按时按点上下班，她喜欢曲阳的霸道，又头脑冷静地反复衡量着其中的关系。程一钊这话显然是意有所指，徐敏假装去卫生间，打开水龙头，洗了把凉水脸，才让自己平静下来。

父母住在小镇上，家里就她一个独生女，攒了一小笔嫁妆，盼着跟自己享清福。曲阳没工作、没房子、没车，他现在喜欢自己只怕是一时冲动，程一钊……这么想来，仿佛瞬间下了一个很大的决定，徐敏对着程一钊温婉一笑，你说得很对！

程一钊婉转地表示，房产证上可以加上徐敏的名字，但自己的公司最近陷入经济危机。没等他说完，徐敏忙说，我这儿有父母给我攒的十万块，有点少，你先拿去用。

两人心照不宣地一笑，徐敏的内心多少觉得这样的婚事寡淡得很，可世事逼人，由不得自己任性。

领证那天，去医院婚检，在医院的电梯间，徐敏挽着程一钊的胳膊，曲阳穿着白大褂就那么直突突地冒了出来。

她一愣，曲阳笑道，姐，来看病啊，也不给我打个招呼？

仿佛千帆过尽，又像是什么都没发生。倒是程一钊先开口，你好，我和小敏来做婚检的！

曲阳的眼神里有过一丝挫伤，但转瞬即逝，他笑了笑，哦，那就不用我帮忙了，喜事，恭喜啊，我一定随个大红包。

不知为什么，徐敏心如刀绞，回到家，曲静打来电话，迟疑了半天，才说，那个，小敏，我弟弟其实一直特别喜欢你，喜欢一个人真的是没道理。他走之前已经联系好了单位，想和你表白。不瞒你说，我们全家都激烈反对过，没用，他说，这辈子认定你了……

别，别说了！

徐敏趴在窗口看着天空洋洋洒洒的雨丝，忽然想起从前宿舍楼下一闪而过的身影，想起从天而降的早餐，想到自己世俗的心。她叹了口气，躺在床上惆怅地想，也许，有些爱情，失去了，才懂得！

把平凡的日子过得像诗一样

live every ordinary day
to be poetry

Chapter 6
时光穿梭机

　　忽然之间，就开始怀念青春，想念没有手机的日子。转眼，又忍不住拿起手机刷屏。患得患失，在孤独中忧伤，明明相爱，却无意中擦肩而过。我们都是寻爱的影子，在尘世中辗转反侧。

对不起，我的手机不能联网

许久不见面的表妹琪琪忽然给我打了个电话，接通的那一刻，她劈头盖脸地就问，姐，我开了个微店，怎么也不见你捧场啊？不捧场好歹转发一下嘛，不转发也好歹点个赞啊！

我愣住了，琪琪开始在微信上卖面膜之后就天天发各种广告，不是大眼美女用了面膜更加美丽就是自己洗脸之后亲自示范的自拍照，原本开通微信之后加了很多三姑六婆，也就是为了了解一下亲友们的生活点滴，可这种连番轰炸实在让我烦不胜烦，只好选择不看她的朋友圈。

啊，你开了店啊，真是的，最近太忙，都没注意到！没办法，硬着头皮用成年人的虚伪开始寒暄。

你现在在哪儿？我给你送两盒过来？话音未落，琪琪已经挂了电话，20 分钟以后，她出现在我家门口。

我这个人一向面软，哪里好意思白用人家的面膜。在琪琪的热情攻势下，一激动，掏出两百块钱塞到她手里。

琪琪嘿嘿笑着说，姐，用得好，一定给我宣传哟，走了啊！

　　我的皮肤容易过敏，对面膜的选择一般都很慎重，反复掂量才会购买。望着琪琪放在茶几上的两盒面膜，用也不是，不用也不是。周末回家探望老妈，正好碰到琪琪的父亲，老人家满脸欣慰又很骄傲地说，我们琪琪啊，特别懂事，能干又听话，卖的面膜听说进价就一盒198元哩！小翠啊，你要用得好，一定多帮忙宣传呀。

　　一盒进价就198元？我的耳朵轰隆隆响个不停，我自以为给琪琪200块算是见面礼了，没想到说来说去我占了便宜自个竟然不知道。内心感动之余，当即发了一条微信到朋友圈，大意就是表妹琪琪的微店在卖面膜，请大家多多支持云云。

　　回城之后，有天晚上无聊，洗脸之后决定用用琪琪的面膜。孰不知，第二天一早醒来，脸上起了一大片红色的斑点，不用说，过敏了！给单位领导请了假，又羞又气地到医院挂号准备看病，排着队，就听身后有人喊，翠翠？

　　一回头，是好久没见的老同学小云。小云？你来看病啊！

　　小云连珠炮似的说，嘿嘿，咱俩今天能在医院见面，真是缘分啊！我在微信上看到你推荐的面膜，心想，你是个谨慎的人，推荐的东西肯定不错，就买了两盒。好嘛，用完两天，脸上就疙疙瘩瘩的！

　　望着小云脸上的红疙瘩，我尴尬不已，连声道歉。

　　看完病出来，正准备告诉琪琪面膜的事儿，她的电话就到了，姐，面膜是三无产品，太不好意思了。进货的时候，我也不知道啊，我自己还用着呢！放心，我退钱给大伙儿！哦，对了，我准备卖内衣了，内衣不会有什么问题的，还得靠老姐你给我宣传呀……

我的太阳穴一阵抽疼，支支吾吾放下电话。

走在钢筋水泥的城市中，孤独感往往令人疲倦不堪，于是，想要建立自己的朋友圈，想融入别人的圈子，想在寂寞的时候随时找个人说说话，想在疲惫的时候，靠在友情的港湾里稍作停歇，想找到同类一醉解千愁……只可惜，偌大的朋友圈，QQ上的头像不知何时都变成了灰色，微博上热热闹闹的全是转发的新闻，微信则一堆的消息，有的朋友拜托给他儿子在某次比赛中投票，有的朋友想让我转发他朋友的文章，还有的开了店卖玉器请我帮忙宣传……一开始用微信的时候，我有了烦心事或者高兴事，都喜欢在朋友圈唠叨两句，而我也很想看看别人的世界，一来二去，却发现，报社朋友的微信从来都是关于报社的新闻通稿，电台朋友发的微信一般都是转发单位微信公众号里的文章，当老师的朋友则发些教育类的文章，基本上没有人抒发自己真正的情绪，除了各种广告，就是各种路况信息和新闻，我叹了口气，不知道自己要这微信朋友圈何用。我们都藏在屏幕后面，在静静的夜晚刷朋友圈，一个劲儿地点赞，其实压根也没看那写的是什么；我们下意识地伪装自己，越忙，越孤单……正在心烦意乱之际，某人应酬回来，一进门就问，昨天我转发的那个文章，你打赏了没有？

什么文章？我压根没看见啊！我一头雾水。

某人气急败坏地说，那是我老领导写的一篇文章，心灵鸡汤类型的，你别管，打赏一百块，快点！还要在下面评论一下，说点好听的就行！

我的微信朋友圈里一堆刷屏的，我根本没看见某人转发的文章，连忙点开一看，老领导的文章一贯的主旋律风格，于是又问一次，真的要打赏一百块？

人家对我有恩，快点，别啰唆！某人催促道，再说了，他专门给我打了个电话，让转发一下，打赏的事儿只不过没明说罢了。人嘛，都要面子，我理解。

好吧，我叹了口气，打赏了一百块。

自从用了 QQ、博客、微博之后，加的人越来越多，同学、朋友、同事等等，见了面就相互问，哎，有 QQ 吗？有微博吗？有微信吗？加一下！从前有什么心事，就把微博当树洞，发发牢骚，现在不敢了，一堆人潜伏在那里，保不准什么时候就爆炸。例如，那日朋友小吴来借钱，我今年刚买了一套房子，手头很紧，于是委婉地拒绝了。当天晚上，我们一家三口去吃涮羊肉，一高兴，拍了两张照片发到朋友圈，并且附上文字：德隆楼的涮羊肉真好吃，缺点就是贵啊！小吴淡淡地在下面评论道，日子过得不错啊，看来手头很宽裕呢。看到这条评论，顿时心情复杂，平时偶尔发发自己出去玩的照片，亲戚会说，咦，你又去玩了？朋友会问，你怎么不叫上我啊？

你胖了！

你老公是不是秃顶啊，要赶紧治啊！

你家娃呢？

你这裙子款式有点旧呀！

……

杂七杂八的评论令人头疼不已，不回复，显得高冷；回复，不知道该说什么。这才恍然感到，从前用这些社交工具，盼望有人关注、有人评论的那种心情，其实潜意识在寻找自己的存在感，那是年少时的我；而今，只想清清静静地找个树洞，隐藏自己的心情，或者静静地躲在屏幕后，看看别人的生活，仅此而已，压根不想让别人对自己的生活品头论足。渐渐地，我再也不想在朋友圈发消息了，某人的老领导第一次发文收获了几千块的稿费后，一发不可收拾，隔三差五就在微信公众号上发文章，当然，某人的头开始疼了，每篇都转发，转发了还得打赏，硬着头皮给自己不喜欢的文章打赏的滋味真不好受。

昨晚，有个不太熟的朋友来电话，寒暄一阵后，说自己做了一个微信公众号，让我和某人在微信上给他宣传一下。不知为什么，我脱口而出，哎，我的手机是最老式的，压根不上网，更别提用微信了，呵呵。他哈哈笑了一气，说，你个老古董，那好吧，等你换手机了再说！

放下电话，我松了一口气，某人在一旁笑，说，这是个好主意！

我们俩重新把旧手机拿了出来，对外都说手机太破，没法联网，也不用微信，耳根子一下子就清静了。

远离了朋友圈后，我们不再一回家就拿出手机迫不及待地看个不停，那种心急火燎的感觉，仿佛一分钟不看微信就错过了多少精彩似的。心，渐渐地静了下来，一起吃饭，轻声细语地聊天，四目相对，温情脉脉，似乎又找到了恋爱的感觉。吃完饭，陪着孩子到楼下遛弯，等孩子睡了，我们依偎在沙发上一起看电视，相互交流一下对节目的看法。往日，刷朋友圈、浏览新闻、看微信公众号的文章等占用了我们大量的时间，托儿所老师给孩子换下来的口水巾经常忘了洗，第二天天气如何也无暇顾及，没空给宝贝准备早晨穿的干净衣服；现在，我们拥有整个宁静的夜晚，有充裕的时间洗干净孩子的口水巾和脏衣服，还能根据天气情况为孩子准备好换洗的衣服，再也不用翻看朋友圈而疲倦不堪导致翌日在单位才想起这也没做、那也没做了。从前的我们是多么粗心、多么失职的父母，总担心朋友的信息没有及时回复、点赞、转发而失去他们的友情，总担心有什么新闻漏掉，失去和同事聊天的谈资，为这些无谓的社交圈子，浪费了太多时间和精力。重新在灯下捧一本小说，找回丰富的内心世界，找回逐渐褪色的情感交流方式，天天喊生活真累的我们，嘴角轻盈地向上扬起，在每个清晨，带着充足睡眠后的神采奔向单位，开始崭新的一天！

当再有朋友提起微信时，我会轻声笑着说，对不起啊，我的手机不能联网呢！

你为什么非要看他的手机？

雯雯来玩，聊得正酣，忽然内急，我跑厕所里蹲着。正在此时，叮咚一声，手机铃声提示有短信。哎，快点给我看看，谁发的短信？我连忙喊某人。

事后，雯雯问，真好啊，你们俩的手机都可以相互看吗？

我有点诧异，怎么这么问？

雯雯的眼眶有泪光闪烁，吞吞吐吐地告辞了。

第二天下午，她愤愤地说，我把志勇的手机仔细检查了一遍，终于发现了他的秘密。哼，王八蛋，以前一直不让我看他的手机。

原来，志勇在微信上和初恋联系上了，偶尔会聊聊。雯雯翻看了聊天记录，越看越恼火，志勇有一次和她吵架后，对着初恋抱怨老婆骂起人来像河东狮吼……

其实，男女双方在潜意识里都希望对方把前三百年的事情都一一坦白，和谁谈过恋爱？为什么失败？到了那一步？接吻了？上床没有？既想知道，知道之后又烦心，必然隔三差五问，哎，你那个老情人怎么样了？我和她比谁漂亮啊？一堆琐碎的问题，带着妒忌心，被一个离自己的生活十万八千里的人搞得烦乱不已。瞧，雯雯就是这样，她开始怀疑志勇不爱她了，和初恋要死灰复燃了……就像打开了潘多拉盒子，从此后，她只要一有机会，就想翻看志勇的手机。

你说她烦不烦？有意思吗？我们吵架了，我能对谁说？和女同学随便聊聊而已，那种沮丧的心情下，说点过头话也可以理解吧？志勇气呼呼地给我打电话。

那你为什么聊天结束之后不删除呢？我恨不得隔着手机屏幕狠狠白他一眼。世上的事情都是这样，经常看到很多人在纠结，结婚前为前男友打过胎要不要告诉现任？认识她之前借给前女友十万块，要告诉老婆吗？等等。亲爱的，你确定枕边人是钢铁战士吗？知道了你为前男友打过胎还不在乎？脑海中一点都不想，你被另外一个男人压在身下的场景吗？最好的办法就是一辈子都不要说出口，实在纠结，挖个树洞把秘密埋起来！

志勇平日勤于工作，业余还写点文章挣几文稿费，自己穿某宝买来的便宜货，却心甘情愿陪着雯雯到商场买高档衣服，偶尔和朋友喝个小酒，也一定会给雯雯打电话报备。这样的男人，你是真的过腻了，想换人了吗？我叹口气，问雯雯。

没，没有啊。雯雯讪讪地说。

那你这么作想闹哪样？我继续追问。

唉，当初，我要是不翻他的手机就好了。雯雯低着头。

对啊，和你结婚了而已，又不是卖身给你了，给对方一个空间不好吗？心烦的时候，看你不顺眼的时候，对同学说一下，会死啊？说过之后，还不是把整个人都投身到你们这个小家？又不是和别的女人滚床单被你抓了现行，你至于吗？我摇摇头。

有太多女人喜欢翻看男人的手机，恨不得拿放大镜 360°无死角地盯着男人的一言一行，知道太多真的好吗？如果他爱你，不想你知道，是有所忌惮，如果他不爱你，又何苦遮遮掩掩？结婚是为了给尘世中疲倦的两人一个宁静的栖息地，不是为了把两个人的每一个毛孔都暴露在阳光下，用绳子捆得死死的，让人喘不过气来。只要自己有养活自己的能力，摇曳生姿地活着，相信他，相信爱情，又有什么可怕的？他是渣男，总有一天会现形，那就让他滚！他爱你，那么他会以一个男人的胸襟处理好自己的事情。金星不是说过吗，要么给我爱，要么给我钱，要么给我滚！别把眼光总盯着自己家男人，着眼于更美好的风光不是更开阔？

有朋友问，那我知道了一些事后，实在没办法原谅他，怎么办？

我的回答是，如果真的解不开心结，爱情已经无法回到从前，那么冷处理一段时间，离开他的日子，既不想念也不惦记，还用问吗？离婚好了！反之，还和他一起生活，就要彻底接纳他和他的过去，别作茧自缚！

活不成自己想要的样子也没关系

可能因为我实在太平凡：长相一般、学习成绩一般、工作能力一般，甚至做家务的能力也是一般，所以，我对梅梅这个姑娘真没什么好感，谁让她长得秀气又爱笑、谁让她学习成绩那么好还喜欢弹钢琴、谁让她家里家外什么活儿都会干呢？谁愿意自己的生活中生活着这么优秀的一个姑娘，尽管我极力和她撇清一切关系，可是，两家是邻居，架不住老妈一天到晚唠叨，看人家梅梅……梅梅从小学开始就由她爸爸每周都带到省城去学钢琴，学校但凡节日搞活动，她一定会来一个钢琴独奏。我想，这样的女孩注定了不平凡，将来肯定考到北京去，最少上个音乐学院，说不定人家还出国学习，没准成为钢琴演奏家什么的。梅梅妈很显然也是这么想的，她每次看到我时，都爽朗地笑着说，学习成绩不代表一切，高兴点儿，身体健康最重要。

其实，我坐在校园东头的果园里温书时，总幻想着有朝一日考到美院去或者当个战地记者，过灿烂如霞的生活。

那时，我们生活在小县城里，没有坐过飞机，没吃过西餐，像鸟儿向往天空一样想着通过考大学改变生活和命运。

梅梅有一篇作文被老师当作范文在课堂上朗读，大意是说，她的理想是当一名钢琴老师，弹钢琴给小朋友们听……

老妈总说，人家梅梅学习成绩很好的，即便音乐学院考不上也会凭着成绩上个好大学。

考美院那天，我大姨妈来了，极度紧张的情况下，水粉画的构图没有发挥好，果不其然，专业课的成绩并不理想。

我没能上个好大学在所有人的意料之中，所以父母并不是很伤心，该吃吃，该喝喝。那天晚上，隔壁梅梅家狂风暴雨似的，传来劈劈啪啪的声音，她妈妈粗重的嗓子吼着，你专业课考砸了，文化课也考砸了，丢人现眼！你给我重读去！

梅梅呜呜咽咽的哭声夹杂在她妈妈的骂声中，我捂着胸口躺回自己的床上，忽然暗自庆幸，自己一直都那么弱，所以老妈对我基本没什么太高的期望值。

本来想能顺利考入美术系，将来当个美术老师也不算辜负大家的期望，没想到我一败涂地。填志愿那天，我破天荒穿了一条新裙子去了学校，内心哀鸿遍野：填什么啊，考那么差，都不知道要填哪里！走在街上，忽然看到一位同学骑着自行车喊我，问我志愿的事儿，我吓得转身就跑，内心的尴尬和失落让我两腿发软、浑身紧张。我那么想成为一名优雅大方又足够优秀的女子，有强大的内心，有无穷的智慧，把自己的人生经营得精彩纷呈。多想能考到最好的大学，站在夏日的街头和同学们侃侃而谈，说说对将来的期许，谈谈未来……可惜，成绩不好这件事摧垮了我所有的勇气，整整一个假期，我都躲在家里不敢出门，万不得已上街买东西，都是十万火急地买好就立刻回家。而梅梅，我似乎好长时间都没见到她了。

那时的我，所有的逆反心理都用来和老妈斗智斗勇了，我一面沮丧自己没考到一所好大学来光耀门楣，一面又暗自幸灾乐祸，我就是考不上，我就这样，你奈我何？直到很多年后，读到龙应台的那段话：孩子，我要求你读书用功，不是因为我要你跟别人比成绩，而是因为，我希望你将来会拥有选择的权利，选择有意义、有时间的工作，而不是被迫谋生。心海波涛汹涌，两眼发酸，我的眼泪差点掉下来，因为没有用功，所以我没有太多选择的权利，提着箱子在省城东奔西走，吃尽了各种苦头。有一阵子，我下决心必须嫁给一个医生，必须有房子，必须有车子，必须活得比别人好，兜兜转转，身边有了爱的他，蓦然觉醒，咦，怎么搞的，他没房没车，我怎么糊涂就嫁了，这才明白，爱情来了，所有的条条框框轰然崩塌。后来，在单位稳定下来，在文字中找回自我，温润如玉，敢于面对真实的自己，我才恍然大悟，少年时，懵懂中给自己设定了太高的人生期许，潜意识里逼着自己当将军，觉得必须享受一览众山小的感觉，人生才算完满。在钢筋水泥的城市里奔走，认识到，自己本来就是个普通的女孩子，喜欢柴米油盐的平淡生活，高兴了吃个麻辣烫，着急了会骂句脏话，硬要逼着自己笑不露齿、优雅迷人，原本就是背离生活的初心。我在文字工作中享受到了乐趣，这工作也带给我尊严，足矣！并不是每个人都能成为将军，站在金字塔顶的永远是少数人，我们只消在人间烟火中修炼本心，享受工作，享受生活，成不了自己当初想要的样子也没关系！

　　小学时上作文课，老师总问大家的理想是什么，有人说想当科学家，有人说想当宇航员，还有的人说想当医生……多少理想随着时光的流逝而改变，想当科学家的也许成为了普通的职员，想当宇航员的做了警察，想成为医生的在超市里卖肉。不必为现实的骨感而沮丧，相反的，回忆青春时，想起当初的理想，会唇角上扬，露出甜蜜的微笑吧。听说，梅梅复读三年后，终于考上一所本地的大学，毕业后回县城当了语文老师。我给梅梅发微信，问，你还弹钢琴吗？她笑了，说，钢琴早卖了，将来有了孩子，再买一架新的。如今的她相夫教子，其乐融融。她试探地问，你会笑话我吗？堕落成这种样子！

　　不会啊，谁说成为钢琴家扬名立万就是成功？拥有健康的身体、美好的家庭、爱你的丈夫，这同样是成功！我笑着回答，就像我一样，没成为画家，也没成为作家，没嫁给喜欢的军医，更没去周游世界，充其量在家看看旅游卫视。但是，我可以写点东西打发时间，在小说里过另外一种人生，快乐着、烦恼着，做真实的自己！

　　是啊，没成为自己想要的样子，有点遗憾。万千浪花入海，在生活的柴米油盐中，百炼钢终成绕指柔，把握住自己，努力向前，终会成为一个真正的自己！

孤独是成长的宿命

下班时，雪花已经纷纷扬扬飘洒在天空中。阴沉沉的一抹云向着大半个天空画出一大块灰色的罩子，风无声无息。车上高速时，天色漆黑一片，大片大片的雪花迎着车灯幻化成万花筒，夜色迷离，周围鸦雀无声。雪夜里奔袭，忽地，深沉的孤独感像这夜色，浓烈而清冷，在白茫茫的雪中行走，不知何时才能抵达心之彼岸。

其实，我喜欢热闹。渴望有很多朋友，一起玩耍，小到打嗝放屁、大到恋爱分手，我都可以事无巨细地倾吐给他们，和蓝颜知己谈谈男人和酒，和闺蜜聊聊衣服和减肥，胸中奔涌着诗和远方时，亦只需要一个电话，便可以立刻畅谈到深夜……所谓三五知己围炉夜话的畅快，仅仅靠幻想，就足以让我热血沸腾。只是，不知何时，在人群中，常常感到孤独，像无边无界的海，万顷碧波，却没有属于我的一朵浪花。有时，我会主动联系一些人，打电话或者发短信，热烈地说一些话，以为会让内心充盈起来，饱满而温暖，孰不知，夜深人静时，疲倦地躺在床上，仍旧感到孤单。

秋姐说，很多年前，我和老公吵架了，一个人从家里跑了出来。想来想去，就跑到平常和我关系不错的一位同事家里，晚上，我们一起骂老公，一起聊天，开心极了。后来，单位里的人都知道了我和老公吵架的事，我才知道，那位同事就是个大喇叭。从那以后，我再也不对任何人提起家里的事情，学会了隐藏，再也不相信任何人。

我打开微信的时候，忽地冒出秋姐留给我的一大段话，在雪夜里，静静地碰触她的字句，仿佛时光倒转，想起自己的一小段往事。那是很小的时候，班里有个男生学习成绩非常好，很多女生喜欢他，有一天，红对我说，她很喜欢他，然后，问，你肯定也喜欢吧？我愣了一下，坦白说，发育迟缓的我还不太明白喜欢这两个字代表什么，可明明一块属于万众瞩目的美玉，如果说不喜欢，岂不是太迟钝？承认喜欢总比坦诚自己迟钝好得多，于是，我点头，像喜欢吃牛肉面一样，说自己也喜欢他。结果，课间操时间，那男生高傲地扬着头，意有所指地说，某些女生别那么自以为是，我可不喜欢这种……说着，还拿眼角丢一个白眼给我，我的耳边轰隆作响，周围的几个女生都窃窃私语。当时感到尴尬又屈辱，直到岁月渐渐抚平了伤口，真的明白喜欢意味着什么时，我才确定，自己真的从没喜欢过那个他！

大约孤独感是从受伤开始的吧，有些朋友，自以为可以相伴一生，其实，走着走着，就散了；有些人，曾经认为是刻骨铭心，拼命把他或者她留在生命里，可是，越是拼命抓住，越是沙漏般溜走。跌倒过，踉踉跄跄地在人群中走着，一开始，还能勇敢地爬起来，拍拍土，继续向前，渐渐地，开始怕前方的风雨，怕身边人无声无息的嘲笑，所以，悄悄地，把身体和灵魂缩在壳里，戴上面具和盔甲，喘息着，默默前行。

只是，那又如何？哪一对夫妻不吵架呢？我和某人吵架的时候，还喊离婚呢，还喊他最讨厌了呢！把内心淤积的话都说出来，说完自个痛快了就行，床头打架床尾和的事儿多着呢，谁爱说谁说去。认清楚了一个人，远离就是，没必要把自己封闭起来……我给秋姐留了言，还附上自己的往事，并且嘱咐她，女人年过三十，往往玻璃心，容易受伤，容易感怀往事，小心甲状腺出问题哟，情绪的反复无常也会带来身体隐患，实在不值得为了那点子小事伤身。与往事干杯，最好的办法，就是美美的，花一般灿烂绽放！

虽然，在钢筋水泥里日复一日地上班、下班、买菜、做饭、睡觉……过着乏味的生活，在人群中孤独又寂寞，可孤独往往是成长的宿命！我们从少年时代出发，在苒苒岁月中变成大叔、大妈，在柴米油盐和人情世故中摸爬滚打，何不学着厚脸皮一点，何不放下一些事，甩出一些包袱，没心没肺一些，可好？

嗯，夜，已深了！今夜的银川白雪皑皑，冷得很，睡了吧，朋友们。

那么，晚安！

一遇杨过误终身

第一次相遇，他穿着一件白色 T 恤，站在一颗高大的梨树下冲我咧嘴一笑。4 月初的北方，阳光煦暖，梨花雪白，云朵一样柔软地晃悠在视线的周围，鼻孔里满是清甜的气息，他牙齿雪白、目光清澈，说，小姑娘长得蛮好。我莫名有点恍惚，他乌黑的头发剃成很短的毛寸，远处是蓝的天，白的花，喧闹的人群。

嗯，你们这里什么好吃啊？我听志远说，浆水萝卜特别好吃。他的眼睛又黑又圆，每一个字都像音符一般蹦跳着从嗓子眼里出来，伴随着悠远的男中音。

我大笑，现在才 4 月，没有浆水。笨蛋！

竟然敢叫我笨蛋，我是你的长辈，懂吗？快，叫哥哥！他头一歪，像对着一个毛孩子，戏谑地笑。

我有些不满，你都这么老了，根本不像哥哥！

哇，志远，你听到没有，我被嫌弃了！那好吧，叫叔叔吧……他得意地大笑，上前刮刮我的鼻子。

美死你！我吐吐舌头，做了个鬼脸，跑开。

那一年，我 16 岁，刚刚升入高二，周末在我家的农家乐里帮忙。我家的梨园是方圆百里最大的，每年的春天，梨花盛开的季节，游人如织，正是最忙的时候。

志远是我的表哥，和他一样，都是 28 岁。

第二天，是我的生日。他不知道从哪儿买到很多烟花，陪我在黄河边疯玩，星空静默无语，烟花璀璨绽放。我尖叫着，笑着、闹着，回头的一瞬间，看到他失神的样子。

你怎么了，杨叔叔？我问他。

他笑着耸耸肩，原来是失恋了。

我是漂在大城市的穷光蛋一个，她离开我是对的。他自嘲。

没事没事，我明天请你吃大盘鸡吧，我家的厨师做这个特别拿手。我笑着大声说。

那时的我，无忧无虑，喜欢天，喜欢地，喜欢笑，喜欢闹。

有很多人，就这么在人生的一个岔路口遇见，然后分开，消失在茫茫人海中。我以为，和老杨也是如此。可冥冥之中似乎早就注定了，我们不会成为陌生人。

一个月后，我收到老杨从上海寄来的一条裙子。白色的雪纺裙，肩膀处有一根金线织的羽毛，好看极了。我只无意中说过一次，他怎么就记得了呢？我在电话里和他撒娇，杨叔叔，你对我真好，以后你要是娶不到媳妇儿，就考虑考虑我呗！一家子都笑翻了，妈妈说我脸皮可真厚，大姑娘家的可不能这样。

几年以后，我到上海上大学，老杨来接我。

时光似乎没有在他脸上留下什么痕迹，仍然是那张棱角分明的脸，眸子明亮而深远。我哈啰一声，跳上去拍拍他的肩膀，杨叔叔，你还这么年轻啊！

他似乎有些不好意思，羞赧地往后退了一步，浅笑着说，都长成大姑娘了，还像个小孩子。

他带我去逛街，给我买衣服，请我吃 KFC，买了一堆日用品到宿舍。每周末，老杨都接我回他住的地方，做一桌子的菜。

多吃点，在外面要注意营养，正是长身体的时候。

女孩子，不要这么大咧咧的，细嚼慢咽。

……

有一次，同宿舍的姐妹问，我看他不像你叔叔啊，那么年轻。知道了我和老杨的关系后，那丫头一脸谄媚地笑，给我介绍一下呗。

不知怎么，我忽然就有点妒忌了，心脏有点疼，想下次见到老杨时好好教育教育他，就不能打扮老气一点，装什么嫩啊！

可老杨忽然被派到成都去开拓市场了，有一年都不在上海。

好啊好啊，你终于离开我的生活了，你就像个老妈子一样，烦死了，嘿嘿！我在电话里没心没肺地咋呼着。

他笑了笑，你这孩子！

一天、两天、三天……一周，一个月……我变得沉默，有些魂不守舍，抓心挠肺地难受，不明白自己为什么空落落的。那一晚，窝在宿舍看小说，突然间明白，自己是想老杨了，喜欢上他了！耳边传来轰隆作响的声音，内心的冰山瞬间崩塌，青春期就隐藏起来的情感滚滚流出。原来，我老早就喜欢他了，从16岁开始。我在忽然崩塌的情感洪流面前泪流满面，跳起来给他打电话，说，老杨，我喜欢上你了，怎么办？你呢？你呢？你呢？

他沉稳的语调像大海一样宁静，傻孩子，说什么呢？我是你叔叔，差了辈分了！

被我逼急了，他低声说，别闹了。我爸爸得了肾病，家里有两个妹妹，你跟了我只能吃苦！

我不怕，你家没钱，我家有啊。我爸爸有很多钱的！我慌不择路地找着理由，不明白自己人生第一次表白为什么就被拒绝了。

那一晚，我说了一箩筐的话，他狠狠地挂了电话，说再也不想见我了。

我哭了一个晚上，第二天坐飞机去找他，他居然拜托同事把我押上回上海的飞机，硬生生没有露面。

那么骄傲的我，竟然被拒绝了，我气得七窍生烟，发誓再也不见他了。

后来，我谈了两场恋爱，随着毕业的来临，都散了。我满大街找房子，递简历，准备在上海安营扎寨。

终于有一家公司肯接纳我这个新人，公司有个同事还为我介绍了一处安静的小房子，两年后，我遇到小北，幸福地步入婚姻。老杨，就像泡沫一样，默默消失在我的生活中。

偶然的机会，我在当年给我介绍房子那个老同事的微信里看到老杨的照片，我惊讶地问，你们认识？

她笑呵呵地说，认识啊，我和老杨是老同学了。他托我给你介绍房子的，嘿嘿，小北没告诉你？小北的婶婶是老杨的老师……

五雷轰顶一般，我以为这一切都是自己凭着努力得到的，没想到，是他在背后默默地帮忙。

我恶狠狠地打电话骂他，边骂边哭，你凭什么对我这么好，凭什么？

闺蜜说，凭什么，他肯定爱你呗，但是，有很多爱，不见得非要在一起。

杨过在风陵渡口遇到郭襄，他带她看漫天的烟花，给她暖，给她爱，却拒绝了她。郭襄失意于情场，却成就她成为峨眉祖师！我恍然明白，他内心的怯懦和自卑，不是不爱，是不敢爱。我们曾经是最熟悉的人，如今仅仅是熟悉的陌生人，隔着咫尺天涯默默相望。我身边有了更好的人，可是，想忘了他，却依然做不到，

看到街角的甜品店，会想起他清冽的笑，望着秋天满地的落叶，似乎看到他扑面而来的修长身影。郭襄枯坐峨眉时，时光在眉间心上打磨成一道光影，那道光里必定有杨过的身影，有一种爱，注定是情深缘浅。

祝福老杨，终有一天，总能找到他的小龙女吧。

把平凡的日子过得像诗一样

———————— 〉〉 〉 〈〈 ————————

live every ordinary day
to be poetry

Chapter 7
不是勇敢就能获得幸福

　　莫名开始烦躁，愤世嫉俗，怨天尤人，告白被拒，升职无望，离想象中浪漫的生活差了十万八千里。以为勇敢就能获得幸福，以为最好的仍在远方，于是，不停赶路，不住探索，回首间，原来爱情早已融入到血液里。

姑娘，有些实话实说其实是刻薄

机缘巧合，几年前曾经给几个十几岁的小姑娘教写作。说教，其实也就是建一个群，姑娘们把写好的文章复制粘贴上来，我简略地说一点自己的看法而已。

小灵是个活泼的小家伙，痴迷写作，一心想要出版自己的小说。而且，每次点评别人的作品，发言总是又麻又辣。比如，巧儿写过一篇游记，讲的是去青海湖玩时的所见所想。还没等我说什么，小灵的话就出现在群里：开篇太啰唆了，都几百字了还没写到青海湖。十几岁的小孩子，自尊心是极强的，尽管我尽量安抚，巧儿还是打了一个流汗的表情，还单独告诉我，小灵的直言不讳让她如芒在背。

有一次，大家一起来我家里交流写作方面的心得。丽丽穿了一条小立领的连衣裙，小灵就评论道，小立领现在不流行了。丽丽的脸当时就红了，整整一个下午，都尴尬得畏首畏尾，不敢发言。

我忍不住委婉地劝小灵，说话换一种方式可能更好！

为什么啊？我实话实说啊！小灵白了我一眼，我才不会那么虚

伪呢!

我被抢白得不知该说什么才好。

去年，小灵大学毕业央求我给介绍工作。正好看到微信公众号里，本城一家报社正在招聘编辑和记者，就顺手把信息转发给了她。

平日里由于写作的关系，我和本城的一些编辑都熟识。过了几个月，我去领稿费时打听小灵，却得知，她自己辞职走了!

啊，辞职了? 我很惊讶，能顺利地进入报业集团非常不容易，熬过聘用期就可以考试转正了呀。

S编辑笑了笑，说，这孩子，太个性!

原来，小灵恃才傲物，在编前会上，主编建议她去采访一个家境贫困，母亲重病在床，自己却坚持学习直至考上大学的孩子，她却当众反驳即将退休的主编，这么苦情的题材还要去采访吗? 读者不爱看的!

同事写了稿子，礼貌地请小灵帮着把把关，她总是尖锐地发表意见，写得太烂了!

……

渐渐的，有了好的新闻线索，谁也不愿意告诉她，就连主编也怕了这个年轻人，她的各项考核分数连创新低，自己趴在办公桌上哭了一场，辞职走了!

我其实很喜欢真性情的人，在喧嚣的都市里，能结交一个愿意说实话的朋友，是极为难得的。但是，说实话不代表把脑子丢在太平洋里，用自己尖刻的言辞去伤害别人，并且丝毫不站在对方的立场上着想，用所谓的"一针见血"去表达自己刻薄的"真性情"。

把话说得让人舒服，是一种礼貌，更是一种情商。

宝兰就一直嚷嚷，我凭什么总是迁就别人啊？谁迁就我啊？

她带着这种想法，面对婆婆为自己买的式样陈旧的连衣裙连连皱眉，并且认真地教育婆婆，您以后就别操心了，现在谁还穿这种样子的裙子啊？多老土啊！这年头啊，是个看脸的社会，所以，千万不能花冤枉钱还买不到好东西。不过，您在乡下过了一辈子，这事儿也不能怨您……

此番话一出，婆婆颜面尽失，当下不高兴地说，我是乡下人，那我儿子更是乡下人了，你不就是乡下人的儿媳妇吗？

婆媳二人唇枪舌剑，你来我往，火药味浓到一点就炸。后来，还是宝兰的丈夫从中和稀泥，第二天就把老妈送回乡下，才算暂时缓解了婆媳矛盾。

我问宝兰，为什么非要搞得剑拔弩张？婆婆送的东西，不喜欢可以放衣柜里，她说的话不中听，可以当刮了一阵风，非要当面顶嘴，老人怎么受得了？

忍不住啊！宝兰耸耸肩。

《红楼梦》中有一回写的是贾母给宝钗过生日，她问宝钗平日喜欢吃些什么，又爱听什么戏。宝钗自然知道贾母爱吃甜烂之食，爱看热闹的戏，于是，依着贾母的喜好说了一遍，又点了一出《西游记》。

多么贴心的举动！也许有人会说，虚伪！

但是，在风烛残年的长辈面前，就算是虚伪一点，讨她的欢心，让她高高兴兴地度过一个美好的夜晚，怎能不说是一种孝心？

贾母喜欢甜软的糕点，假设宝钗却偏说，那些有什么意思？不好吃！我喜欢麻辣的吃食，喜欢《西厢记》，这让长辈情何以堪？

良言一句三冬暖，就算是朋友圈的点赞，也不必苛责和嘲笑对方：不成功的一次手擀面，很普通的一盆花，不像样的一幅字画……也许你的水平比他们高出许多，不屑于晒朋友圈，可是，在琐碎生活之余仍然能坚持一些爱好调节生活的朋友们，仅仅凭这份情趣，还不值得赞扬吗？

所以，亲爱的朋友，咽下那些直冲脑门的话，深呼吸，换一种方式，诚恳、朴实、素淡，说出的话让人舒服，让自己也留有余地，岂不更好？

别用你所谓的努力来践踏生活

现在其实有点不敢看手机，一些自媒体上点击率最高的永远都是都市奇情故事，微信公众号上永远在煲鸡汤，唧唧歪歪一堆的大道理，看得越多越觉得这世界一团糟。

公众号宣扬香水永远斗不过韭菜盒子时，霞姐果断在第一时间转发，深以为是地做了点评！而我自惭形秽，我既不用香水，也做不出像样的韭菜盒子。

当类似你只有格外努力，才会看起来毫不费力这类深度好文横空出世时，霞姐又连声赞叹，一语点醒梦中人啊！

……

我经常写日记，反思自己，也想让身体和灵魂跟上时代的潮流，不断修炼，至少别成个怨妇。但是，我是个懒散的人，最喜欢过的日子就是睡到自然醒，然后，悠闲地起床，看书，看电视，出门逛逛，闲云野鹤一般。

可是，城市中的灯红酒绿、纸醉金迷，好像每一刻都昭示着紧迫感，令人不得不拼命努力，向前、再向前……生怕怠慢一秒，就居于人后，就万劫不复……有一阵子，我非常努力地上班，每天6点多就起床、洗漱、化妆、吃早餐，力图让自己成为一个精致的女人；尽力站在某人的立场上想问题，让自己宽容、理解、豁达，最重要的是千万别爆粗口，别总把离婚这种恶心的字眼挂在嘴上；与某人在一起时，千万记住观点不同不必强融的金玉良言，要有涵养，要懂得求同存异！

但是，努力的结果就意味着牺牲很多休息的时间，省略和孩子玩耍的光阴，在灯下啪啪啪地写那一点文字，熊猫眼、眼袋、细纹统统跳了出来，脸色蜡黄，萎靡不振，睡眠不足，像一只皱巴巴的苹果，失去了水润和光泽。换来的那点子稿费，勉强够我买眼贴的，牺牲的那些细碎时光，却再也回不来了。最令人崩溃的是，自己累到半死，却没出什么成果，心急火燎地过着一地鸡毛的生活，喝了再多鸡汤，依然江山易改本性难移，吵架时屡爆粗口，甚至还喊了两次离婚，深度吵架时，能从与某人的第一次见面骂到上一秒钟的相处。

我气急败坏，唾沫星子乱飞地骂着，某人却云淡风轻地来了一句，你记性真是不错啊。

顿时，我哑口无言！

我高举努力的旗号在忙碌，好像没了我，江山社稷就毁于一旦，地球也即刻陷入危难之时一样！内心的焦灼感在喧嚣的匆忙中不断膨胀、壮大，眼看要把生活炸得粉碎。

霞姐倒是很支持我，女人就是要努力，经济和灵魂都要独立！抱着单身的心态过婚内生活……

不知为什么，霞姐说的话也和鸡汤文差不多了。不过，我理解她。当年的霞姐，人生当真是光芒万丈，年纪轻轻就当上了一家大企业的总会计师，每月月底带人到底下的分厂查账，可谓叱咤风云。丈夫喜欢什么水果、孩子什么时候开口叫第一声妈妈、老妈最近追的剧是哪一部……这些，她都不知道，她打了鸡血一样生活在自己的世界里，信心满满地忙碌着。转瞬，随着企业的改制，厂子重新进行了合并重组，他们这些老员工早早办了内退和清理。霞姐一下子成了退休工人，她一夜之间苍老了，沉默了。

我的努力忽然之间一钱不值！霞姐长叹一声。

其实，她的生活早就破碎了，她只知道努力！霞姐的丈夫冷笑一声。原来，霞姐的忙碌背后是丈夫的辛劳，他一个人既当爹又当妈，不仅学会做饭还学会腌菜。家对于霞姐来说，就是个歇脚的地方。正当他准备和霞姐提出离婚的时候，霞姐彻底回家了！

看着昔日志得意满的老婆如今憔悴的样子，这个憨厚的男人把话咽回肚子里，就当什么都没发生。而霞姐，似乎明白了什么，她陪着儿子补课，给老公炒西红柿鸡蛋，周末一家三口逛公园……把很多很多从前没做过的事情一一补了回来。

也许，人就是在不断挣扎中矛盾和纠结着，身体内的天使和魔鬼轮番上场，才造就我们所拥有的喜怒哀乐。很多所谓的努力，不过是焦灼的内心难以安放的结果，不过是想拼命获得世俗意义上的成功。倘若因为努力，失去了很多更重要的生活点滴，或者干脆赔上自己的健康，那即便成功，又有多大的价值？我开始放慢脚步，一家三口看电视，陪着宝宝说一些颠三倒四的话，跟某人天南海北地神聊。在冬日煦暖的阳光下，坐在软绵绵的沙发上，在青花瓷的盖碗里用沸水泡开八宝茶，看着红枣、核桃、枸杞、沙枣、葡萄干、玫瑰等精灵在水中慢慢伸展，空气中若有若无的茶香夹杂着玫瑰的醇香，芝麻的焦香在舌尖舞动，惬意且舒服。

　　不必把自己禁锢在别人的思想框架和生活轨道里，随遇而安就好！

看世界都不顺眼，你干吗不回火星

一大早，微信就当啷啷响个不停，原来是小美！这家伙一向都是无论遇到什么事情，不管我在不在，一条接着一条就向我吐槽，反正我终归会看到的。

原来小美今天休息，特意起了个大早准备打扮得美美的逛街去，刚到小区门口就碰到邻居王婶。

呀，小美，这件香芋色的羽绒服真好看啊，多少钱？在哪儿买的？王婶夸张的表情就像见到儿天仙女下凡尘。

不管怎样，有人夸，心里都美滋滋的。小美就告诉她，是在哪个商场买的，巴拉巴拉寒暄了几句。王婶语重心长地说，你今年都 31 了吧，赶快生个孩子啊。女人啊，年纪越大，越不容易恢复。你们家那口子，看上去帅气又潇洒，你再不生个孩子拴住他，小心别的女人惦记啊……

小美气得要吐血了，太过分了，我生不生孩子关你屁事！这是别人的隐私，还硬拉住我站在小区门口说个没完，大嗓门恨不得全小区的人都知道我没生孩子呢。没素质！

坐车到了商场，爱臭美的小美看着满商场各色春装，心情一下子好起来了。不料，手机响了，是朋友小吴。

小美对小吴可以说是并无半点好感，去年小吴找她借一万块钱，说的是三天以后一定还钱。三天之后，又打电话说，一个月以后还。

这种不讲信誉的人，还可以和他做朋友吗？小美哼了一声。

没成想，小吴今天打电话还是想借钱，说自己开的孕婴店最近周转有些困难，想借两万元，年后还。小美毫不犹豫地拒绝了他，她气呼呼地对我说，以为我和他很熟吗？凭什么一而再，再而三地找我借钱。

你火气这么大，难道更年期提前了？我有点纳闷，忍不住用语音和她聊天。

没有啊，难道你不认为这些人真的没礼貌吗？小美的声调中透着不屑。

这不由得让我想起一位远亲，上次聚会时，聊起微信，他一下子打开了话匣子：现在的人啊，太无聊了，节假日动不动就群发短信，我一看是群发的干脆不理。还有那些找我投票的，转发某条信息的，无聊不无聊啊，我才不会帮忙转发呢。最重要的是，我这个人从不违心地点赞，晒娃的、晒车的、晒衣服的，庸俗，我就假装没看见或者直接拉黑。

我忍不住问，那你微信都发些什么到朋友圈呢？

他翻了个白眼，说，我什么都不发，无聊时看别人的生活就行。

不知是城市的生活太喧嚣，还是烟火色中积压了太多烦躁，我们周围忽然多了无穷尽的烦恼，怒火足以地动山摇，看谁都不顺眼，谁都没素质，没有一件事足以温暖自己。快节奏地往前走，不想为任何人或者事驻足，潜意识里总拿自己的人生观和价值观去揣度别人，谈起生活和工作，一堆的怨气从脚底升腾到全身……亲爱的，难道你忘了，这世界本来就没有两片相同的树叶。群发的短信也是一份心意，难得别人还记得你，群发证明你还在他的朋友圈里，又有什么不好！孩子参加了某次活动，想拉票本是人之常情，你愿意的话，举手之劳投一票，不愿意，自然可以忽略不计。生活如此无趣，如果不是那些朋友贴出萌娃、美食、风景的照片，你打开朋友圈时，看什么呢？也许朋友第一次做的面包不那么好，但你默默的一个赞，也足以安慰她，鼓励她加油。是什么浇灭了我们的理解和包容，是什么让如今的我们忘记了换位思考？

曾经有位读者在微博上毫不客气地问我，哎，翠翠，我很喜欢你的《斗婚》，网上没有电子版，你可以发给我全文吗？

我当然希望他去买书，最好看完后发表一大篇评论把我吹捧一番，那我就开心了。虽然电子书才几块钱一本，但有人不愿意花这个钱，说明我的书还没有足够的吸引力去让他产生购买的欲望。很多年前，我也在书摊上买过盗版书，那时，我还不是作者，还没有写字，还不懂得一个作者创作过程中的艰辛。而现在，我懂！

所以，我没有恼火，很平静地告诉他，如果不愿意购买电子书，可以到网上直接搜索书名，自然有人把电子版奉上。而我，因为和出版社有合约，不可以发给你。

而向小美借钱的小吴，我也认识，他本来就是个马大哈，做事从来都大大咧咧。我相信，他不是故意拖延，多半真的有事，需要延期还钱。

世间饮食男女有几多，就有几多纷繁的杂事。不必活得像一只刺猬，浑身的刺都一根根竖起来，何不用最大的善意去体谅他人？但也要保持警惕，不给恶人以机会，别让自己受伤。很多年前，读到"不以物喜，不以己悲"也是一跃而过，人到中年，才明白，平和和平静是一种练达的人生状态。

所以，对小美的吐槽，我开玩笑地吼她，看世界都不顺眼，你干吗不回火星？

她嘿嘿一笑，问，你猜我现在在哪儿？

在哪儿？我问。

在王婶家吃重庆小面呢！说着，小美压低声音说，我早上还觉得她那个啥了点，晚上走到小区门口，就被她热情地拉来吃面了。中国的老太太，就是喜欢问东问西，本意是好的，嘿嘿。

就是嘛，人家只是关心你一下，也许关心的方式你不喜欢，仅此而已。我笑了。

很快，小美的微信上发了一张小面的照片，还有她和王婶的自拍，面看上去色香味俱全，老太太笑容满面，小美满足的唇角告诉大家，她真的吃得很过瘾。

瞧，这世界还不算太糟，如果你愿意让它美好，那么，它就是美好的！

城市伪装者

　　搞同乡会那一年，大家都热闹地询问近况，顺便问都是怎么到酒店的。我大咧咧地说，打车嘛。立刻就有人问，你家的车呢？我即刻回答，没买车呢。旋即，所有人关注的目光转移到了刚刚到达的杜鹃身上，她开着一辆大奔，打扮得时髦又迷人。我也羡慕地附上去，从车到人夸了个遍，心里百感交集。回家以后，原本坚持不买车的信念有点动摇，我问某人，哎，我们是不是该买车了？

　　后来，随着孩子的出生，我们真的买了车。买了车也没多洋气，照旧是过日子罢了。有一次，大早晨的就为孩子该不该系围巾吵了一架，我气愤地夺门而出，决定去看场电影。想到怀孕以后，在琐碎的时光里逐渐朝着黄脸婆狂奔而去，内心的愤懑让我的鼻子发酸，擦肩而过的人群中，竟然看到杜鹃！要是往常，我必然热情地迎上去，寒暄一番。今天穿了件旧大衣，灰头土脸，每一根线条都昭示着日子过得并不如意，自然不想遇到认识的人。我头一低，杜鹃显然没注意到我，她在角落里打电话，家里哪有钱啊，这个月的贷款才还完！行了，不说了。

翠翠？杜鹃的目光忽然转移到我的身上。

哦，你来看电影啊？啊呀，我也是啊，我家那个在停车场呢，一会就上来，中午一起吃饭？我热络地说着，一秒钟前的沮丧一扫而空，似乎什么都没发生。

她目光发亮地说，小两口一起看电影，真甜蜜。我们啊，前几天才从普吉岛回来，累个半死。哦，下午还有点事，先走了啊，下回我请客。

看完电影，心情愉悦，某人给我打电话，说做了红烧鱼头，问我回去吃吗。

凭什么不回去啊？家是我的，钱还没花完呢！我气哼哼地挂了电话，顺便点开微信，冷清的同乡群里只有云抛来的一句话，某些人啊，真会装！

我忙私下里问，你说的是谁啊？

云索性打来电话，炮筒子似的说，杜鹃呗，你知道吗？大聚会那年，她开的奔驰是借的，她老公就是个小包工头，两人贷款买的房子，日子也是紧巴巴。哦，前几天她回老家了，这世界很小的，别以为我不知道，还说自己去普吉岛了，有意思吗？

我的脑袋嗡嗡作响，正说着，见杜鹃从路对面的面馆出来。她见到我，有点尴尬，呵呵笑着，却没说话。我连忙说，国外的东西不好吃吧？还不如咱银川的臊子面呢。

就是，就是。杜鹃频频点头，向我挥手告别。

少年时，百无禁忌，和同伴闹矛盾了，被老师训了，成绩下滑了等各种烦心事，都会告诉朋友，畅快地说完，一觉睡到天亮，再无烦忧。如今，在车水马龙的城市里生活，下意识地伪装自己，假装很快乐、假装没烦恼、假装豁达、假装开朗……想敞开心扉畅所欲言，话到嘴边的那一刻却咽回肚里，于是，趁着没人注意抹掉眼泪，笑着谈天、谈地，唯独不谈自己，在夜深人静的时候，拿起手机，品尝寂静的孤独。

爱情的另一面

北方的春天，风里有一层细碎的沙砾夹着土腥味一股脑冲进鼻腔和嘴巴里，尽管于培培戴着墨镜，捂着口罩，可还是在寒风里打了个喷嚏，她本来不怎么好的心情因为这天气而更加糟糕。到商场门口时，她对着门口的玻璃窗敏锐地发觉自己的皮肤干涩蜡黄，毫无光泽，这样的发现对于爱美的于培培来说是个巨大的打击，她紧咬着嘴唇，脑子里迅速分析着原因：最近水果吃得太少？喝水太少？还是面膜做得少了？胡乱想着，信步到了超市，准备买些水果。

超市的果蔬区最醒目的莫过于两个超级大的广告牌，一个用红色的标牌装裱了，写着：新鲜苹果，2元一斤。另外一个则写着：水晶梨，3元一斤。打折的苹果个头小一些，甚至果皮有些许褶皱，可胜在便宜。特别是于培培这类把吃水果当美容良方的女人，晚饭过后能一口气啃掉两个苹果，所以，她一般都买打折的苹果。而今天，于培培站在熟悉的地方，盯着打折的苹果上上下下、左左右右看了许久：一大堆的苹果小山一样堆着，2块钱一斤，便宜是便宜，但大部分都是"歪瓜裂枣"！她又看看货架上的，最便宜的苹果也要 7 块钱，那些苹果红润丰腴，在灯光的照耀下更是发出诱人的光彩！凭什么啊？难道真的是贫贱夫妻百事哀？连苹果也要捡最烂的吃？于培培忽然有些愤怒，不知从哪里冒出的火苗呼啦一下就从脚底蹿到胸口，堵得她口干舌燥。

一股热血直冲脑门，于培培果断地拿了一个购物袋，转身就挑了几个 7 块钱一斤的苹果去称。

从超市出来，于培培的眉头更紧了，一个月工资 2200 块，今天刚还完房贷 2050 元，兜里还剩下 100 多块！刚才一激动买了 30 块钱的苹果，又买点吃的，钱包里现在只有一张纸币躺着，浓浓的悲哀让她浑身发凉。超市门口车水马龙，一大片乌云罩着半边天空，看上去阴沉沉的，像是要下雨。于培培本来想打车回家，手里的购物袋沉甸甸的，打车回家需要 7 块钱，一想到钱，她打了个寒战，深吸一口气，拔脚向家的方向走去。

2 年前，于培培信誓旦旦地昭告天下，她是个相信爱情的人，生活会在她和林志伟的努力下更好的！凤凰男怎么了？只要两个人努力，房子会有的，车子会有的！现在，房子是有了，一大半的首付还是于培培厚着脸皮回娘家哭哭啼啼要来的，每个月还完贷款后就指望着林志伟那点工资生活呢。可今天中午，林志伟告诉于培培，这次的工程做完了，但老板因为一点事情进了局子，工资泡汤了！于培培欲哭无泪，土木工程系毕业的林志伟成天在工地上忙，工资却是朝不保夕，全看老板心情。她曾经问林志伟，你干吗不换份工作啊？林志伟一脸鄙夷的神色说，你真是头发长见识短，等着，我经验丰富了就找人一起合起来包工程，一定让你住豪宅开好车！

放屁，全是放屁！于培培心酸地想，明天是周末，大学同学聚会，自己连件像样的衣服都没有。爱情，爱情算什么啊？关键时刻，还是面包牛奶最管用！嫁给林志伟这个凤凰男，家是农村的，一分钱的忙都帮不上，还时不时地需要他们小两口接济；于培培化妆品的档次也从当初的资生堂下降到了欧莱雅，她还得对着自个的妈强颜欢笑说婚后皮肤越来越好根本不需要用那么贵的了。她深深叹了口气，忽然觉得和林志伟在一起的生活了无生趣。

明天穿什么啊？于培培把自己稍微能上得了台面的衣服从脑海中过了一遍，最后想，结婚时买的那件红裙子还是不错的，薄羊毛裙，有点军装风，中间还有一条腰带，嗯，下面配小靴子，外面就穿去年春天买的卡其色风衣好了！本来这样的同学会她是不准备去的，同学会嘛，还不就是女同学相互比老公、比年轻，男同学相互比事业、比谁钱多……但当年的老班长于正飞亲自打电话并且一再嘱咐一定要到场，于培培想，自己要是不去，那大家估计会猜测当年的校花生活得不好，所以才不好意思到场呢。不，绝对不能留给同学们这样遐想的空间。要去，不仅要去，还要精心打扮一番再去。这么想着，于培培脑子一热，随手打了一辆出租车向家里赶去。

哎，你打车回来的？

于培培刚到小区门口就碰到林志伟，她满脑子想着赶紧回家把那件红裙子找出来熨一下，吃完晚饭收拾完还要做个面膜什么的，于是心不在焉地嗯了一声就迈着小碎步子往里走。

林志伟纳闷了，一把拉住于培培说，和你说话呢，怎么心不在焉的啊？我到门口小超市买瓶醋，等等一起走！

哦。于培培冷淡地应了一声，慢慢蹀着步子往前走。以前两个人在一起时，总是亲爱的、宝宝、小乖乖等肉麻地称呼着，可现在，甜蜜的爱情被柴米油盐冲刷得几乎褪色。于培培再也不等林志伟一下班回家就给他一个吻，林志伟也不再一把把于培培扛上肩膀转圈了。两个人像老夫老妻一样很有默契地一个在前，一个在后，慢慢地走着，到单元楼前，林志伟拿出钥匙开门，顺手拽过于培培手里的购物袋，然后，上楼、开门、换拖鞋……

你是不是疯了？买这么贵的苹果？我今天中午就和你说了，

这个月的工资估计得缓一缓才能发到手里。明明知道家里就剩下你这么点钱了，怎么还乱花啊？林志伟放下购物袋，拿出来研究购物小票，一看于培培买的苹果顿时火大，在屋子里边转圈边神情凝重地挥舞着手臂。

于培培就像没听见一样，平静地到洗漱间洗手，换上睡衣、找出红裙子，插上熨斗，细心地用胶带先把裙子上沾的毛给粘掉。

于培培，你能不能听我说话！林志伟看着于培培一副爱理不理的样子，越发气得声音提高了几个分贝。

用眼角的余光偷偷打量林志伟的时候，他下巴上的胡子茬、他鼻尖上的痣、他紧锁的眉头，无一不写满了怨气。斤斤计较、小肚鸡肠、小家子气，于培培暗暗把这几个词加到林志伟的身上，随即叹了口气，你想说什么？说吧！

我想说什么？我刚才说什么你听到没有？我知道，知道你明天有个同学聚会，但日子总得过吧！你知道咱们吃不起这么贵的水果还非要买？以前你是个多么淡泊恬静的女孩子，现在怎么变得这么虚荣啊？同学聚会有什么意思啊，非要去？而且还得交100块钱呢！我们，我们总不能又借钱吧！林志伟说着说着，低下了头，干脆蹲在地上拿出一根烟来。

林志伟上大学时，是抽烟的。他斜靠在摩托车上，穿一条破洞牛仔裤，坏笑着点燃一根烟的场景还历历在目，仅仅因为于培培不喜欢烟味，他就戒了。说戒就戒了，毫不犹豫。结婚以后，林志伟基本没抽过烟，偶尔，他心情特别糟糕的时候会抽一两口。此时此刻，林志伟居然把烟拿了出来，对于培培来说，无异于挑衅，赤裸裸的挑衅，她简直要气炸了，闷了一肚子的话脱口就吼了出来：我当然知道这么贵的苹果不配我这个穷人吃，我们吃不起！但我今天就是想买，就是想买，怎么了？我每天都要去菜市场和超市拣便宜货，你知道我多累吗？凭什么我就不能吃 7 块钱一斤的苹果？凭什么同学聚会我就不能去？因为怕花那 100 块钱吗？凭什么我就得让别人看笑话……于培培声音忽高忽低地说着，眼泪就滴答滴答地流了下来，干脆一屁股坐在沙发上呜咽起来。

你干吗不直接说？干吗不直接说自从嫁给我这个窝囊废之后你的生活水准下降了很多！干吗不直接说呢！林志伟气得一脚把地上的小凳子踢向远处，当啷一声，他拉开门、又重重地关上门。

于培培听着林志伟远去的脚步声反而长长地呼出一口气。很长时间以来，她就生活在这样压抑的状况下，总有一天会爆发。好吧，既然大家都过得很累，那么休息一下，休息一下吧。她细心地熨好裙子挂起来，然后把林志伟切好的面条煮了一碗吃。吃完面，于培培洗了脸，敷上面膜，她回想着大学时代种种美好的片段，又难以避免地想到自己和林志伟的相识相恋，鼻子里涌动着酸溜溜的东西。想起林志伟在大雪天为自己跑到校门口买炸串的样子，想起林志伟省下两个月工资买了自己心仪已久的裙子偷偷藏在卧室的情形，于培培的心蓦然柔软，她打算如果林志伟等会回来主动道歉，就原谅他了吧。迷迷糊糊的，就这么进入梦乡。直到第二日清晨，于培培才发觉，原来林志伟一夜都没回来。她实在想不出什么办法来狠狠羞辱这个该死的男人，想骂脏话，又不知骂些什么，愤愤地在屋里来回踱步，最后用手机给林志伟发了条短信：好啊，连晚上都不回来了，你越来越厉害了！我们真的已经到了这样的地步？实在过不下去，就……把"就"字敲击上手机屏幕时，于培培突地内心发紧，又删了，索性就那么发了过去。她细心地洗脸、抹油、化妆，用卷发棒对着镜子把头发弄成蓬松的中卷，看看时间，不早了，于是，于培培穿上红裙子，浅浅一笑，目光明媚地出现在同学会上。她注意到李勋的眼睛里又闪烁着多年前的炙热和殷勤，于培培的内心温暖地一笑，暗暗满足自己婚后居然还有这样的魅力。

王秀雅尖声哎呀着，笑眯眯地说，培培啊，这条裙子好眼熟啊！

于培培波澜不惊地说，今年大热的红色，怎么样？还不错吧！

和我结婚时候买的那条挺像的呢！

呵呵，哦，新买的呀！王秀雅干笑了两声。

不知为什么，于培培现在看李勋一点都不觉得他恶俗，反而感到这个男人经过商场的历练后举手投足间都显得稳重踏实。她的心动了又动，不知不觉地就想，如果当年嫁给李勋，现在会不会有什么不同呢？

培培，我敬你！李勋嘴上没说其他的，可喉头似乎有什么在滚动着，一双眼睛亮晶晶的、盯着于培培看了又看。

于培培有些高兴，毕竟自己还有魅力，不至于让这样平庸的生活淹没。她嫣然一笑，轻轻和李勋碰杯。想起林志伟，于培培压抑了许久的怨气喷涌而出，她暗自想，自己恋爱三年，结婚两年，这么多岁月里无怨无悔地付出，为了省钱天天从家里带饭，一年才奢侈地买件衣服，还要在朋友和父母面前显示和林志伟结婚是个多么明智的选择……林志伟呢，这个只会抱怨自己越来越虚荣的男人，真的就适合自己吗？如果错了，那么也许还来得及！于培培不由想，要不，先和李勋暧昧着，万一婚姻出现什么状况，也好……不，这个想法太卑鄙了，她马上否定了自己的这个念头，却发现自己稀里糊涂地竟然已经坐到了李勋的车里。

算了，做个嫌贫爱富的女人又如何，图个生活安稳也不错啊！

于培培默默地想着，眼波流转，冲着李勋一笑，说，你的车很漂亮啊！

培培，你还是那么漂亮，你现在过得好吗？你……

李勋的目光里晕满了钦慕的颜色，他的手似乎想往前伸过来，像是要握手的姿势。于培培的耳边好像传来李勋邀请自己喝咖啡的话，林志伟满脸怨气的模样也同时跳出来，她的鼻孔里轻哼了一声，想对着李勋来一个明艳的笑容，却突然感到肚子一阵绞痛，她尴尬地说，不好意思啊，我上个洗手间。

培培，你怎么了？李勋略微吃惊地盯着她。

没事，很快就好，你先等等我。于培培勉强一笑，转身下车。

真是丢脸！于培培懊恼地下车奔到饭店的卫生间一看，内裤上居然有一丝红，她猛地想起自己大姨妈快来了，可能昨晚因为和林志伟生气就不由自主地吃了两根雪糕。这不，竟然提前来了，太糟糕了，没带卫生巾！

从少女时代开始，于培培就一直痛经，每次来之前，她都如临大敌。认识林志伟之后，他每个月都会提前买好卫生巾和巧克力送到于培培的手里，还会冲一大杯红糖水放到她的桌子上。大咧咧的于培培索性就把这件极端隐秘的事情交给林志伟打理，每个月他提醒了，她才在包里放几片卫生巾备用。如今……

于培培在卫生间里蹲了老半天，急得一头汗，在包里摸索了好一阵儿，勉强拿了几张餐巾纸叠在一起凑合。如果林志伟在楼下就好了，那只需要她一个电话，他就会买了送过来。李勋，毕竟不熟，关系还不到那个分上。于培培鼓起勇气出了卫生间，心想快点下楼让李勋开车到超市去买。她又看看手机，林志伟居然一个电话一条短信都没有，王八蛋，好吧，好吧！今天我就跟李勋玩暧昧，然后攀高枝当个俗气的女人去。当年就图了你林志伟个体贴周到，如今可倒好，什么都没落到！算我瞎了眼！

于培培又气又恼，尽量轻柔地迈着步子挪到李勋的车前，唯恐走路时幅度太大让血染到裙子上。

哦，我送培培回去，对对。哦，哈哈，你小子！当然喽，当年没追到，现在一定要享受一下那种征服的感觉。嗯，唉，女人嘛，你没看于培培眼角都有皱纹了……

李勋背靠着车门抽着烟，惬意地打着电话。

于培培呆立在那里，嘴唇哆嗦着，她不知道自己该走还是该留。正尴尬着，手机响起，于培培转过身去接起，是林志伟。

培培，你在哪呢？我刚回家，上午去问财务把钱要上了，嘿嘿，我说再不给钱，老婆要和我离婚啊！现在娶老婆成本这么高，我可没打算再娶一次啊！对了，我想起来你今天该是来那个的时候啊。你痛经那么厉害，而且每次来的日子都特别准，到时候说疼就疼可怎么办啊？都怪我昨晚忘了提醒你，我现在已经打上车了，是京西宾馆吧？马上就到了，你说你这个女人啊，神经怎么还这么大条，明知道自己就快来大姨妈了，怎么把你那个大包扔家里拿了那个小挎包啊？那个小包怎么装卫生巾啊，万一突然来了，看你怎么办？

林志伟的唠叨此时听起来是如此细碎而妥帖，于培培的眼泪几乎要掉了下来，她哽咽着说，老公，谢谢你！

回过神来的李勋不自然地盯着于培培嘟囔着说，培培，我那些话都是开玩笑的。你知道，我一直……

于培培微笑着说，呵呵，你知道，我一直是个死心眼的女人，跟定林志伟了。说完，转身就走。

老婆！林志伟瞬间从刚停下的出租车里出来。

于培培皱着眉头说，哎呀，好像有点染到内裤上了！

林志伟笑呵呵地说，没事，老公回去给你洗！说着，拥着于培培上车。

车到小区门口，林志伟噌噌地跑到小超市，喊着，老板娘，快点，我要一包七度空间的，嗯，日用！

爱情，其实在结婚后就隐藏到了柴米油盐的背后。老公没钱没车，但他愿意为我去买卫生巾！这样的男人，我一定要和他白头到老！

真正的爱情，要耐得住寂寞，守得住清贫。我们的日子，会好的！

于培培坐在车里忍不住发了条微博，还冲着不远处的林志伟说，老公，我想买个电脑，以后在家上网！

林志伟笑着说，好，一切都听老婆的，我努力挣钱！老婆想买啥就买啥，我们买7块钱一斤的苹果，吃一个扔一个！

于培培大笑，贫嘴！我怎么舍得那么浪费啊！

把平凡的日子过得像诗一样

—————— \\ ∨ // ——————

live every ordinary day
to be poetry

Chapter 8
在最丑的时候也可以遇到爱

　　怕自己不够好，怕被你偷偷看去丑丑的模样，因此，刻意伪装，戴着面具在城市的钢筋水泥里跳舞。哭过、笑过，殚精竭虑之后，才发觉最丑的时候也可以遇到爱。

你得的这种健忘症，我给满分！

某人问我有什么新年愿望。如果是陌生人，我估计会踌躇一阵子。不过，和他简直太熟悉了，熟悉到有些话根本不想掩饰，只想享受张口就来的痛快。

希望和你的关系能再好一点，当然，并不奢望能修补到从前的甜蜜状态。

再就是想尽可能多地陪伴宝贝，别留下太多遗憾。

其次嘛，想让自己的文字更加耐读，受到更多人的喜欢。就这么多吧，像祖国繁荣昌盛、世界和平这种话，就藏在此处省略500 字好啦。

我说完之后，他有点受伤，说，我们的关系很糟吗？

我哼了一声，直白地说，至少我没有以前那么爱你了。

还没等他问为什么，我就开始举例了。

一般说来，关于男人如何对不起自己这种问题，女人的记忆力总是好到惊人。

2013 年冬天，你和我出门，我要打车，你非要坐公交，丝毫不顾及我的感受。你就知道钱，为了钱才伤害我的。

对了，我生完孩子，说，饿了！你竟然说，小孩要紧，你是大人，先忍一下嘛。我当时真想拿把刀宰了你！

还有……

我仿佛坐上了时光穿梭机，往事碎片般在眼前显现。滔滔不绝地讲着，关于某人的罪行真是罄竹难书，不说不知道，一说才知道，原来内心的怨气几乎可以笼罩整个银川市的天空。

某人小声说，那个，第一次当爸爸，有点慌，很多事处理得不好，你多原谅。

原谅？你对我的伤害简直太深了！我气愤地说。

坦白说，从前两个人的江湖时，我和他真的是你侬我侬，浓情蜜意，不能说爱到死去活来，也可以说爱得如火如荼了。他每次回来，上厕所，我们都要一起去，一个蹲坑，一个在门口陪着聊天，生怕错过了这一分钟，会少了相聚的快乐。现在，我在卧室的卫生间吼，哎，快点啊，别磨蹭。他在外屋的卫生间闷声答，别催，烦！

写作、上班、孩子、家事，太多鸡零狗碎的事情瓜分掉我们的甜蜜时光，人生观和价值观的激烈碰撞，我经常生气地训他，别把部队那一套粗糙到只有对和不对的处事态度带回来。比如，朋友送我一套骨瓷碗，非常精致，可是，不是很实用。他主张，告诉她，这样的东西咱用不上，下次别买了。

我认为，我内心非常喜欢，不实用的东西可以摆着，只是看看，也可赏心悦目。直接告诉朋友，会让人尴尬，会辜负人家的美意。他却执拗地坚持自己的想法，还引申到自己身上，让我以后别擅自给他买衣服。

我很惊讶他居然有如此粗暴简单的想法，可某人并不觉得自己有什么不对。真是岂有此理！

哎呀，稍微一想，他的罪行就又多一条，啧啧。

我喘着粗气，胸脯一起一伏，说的话一多，口干舌燥。

眼看一场战争又要爆发，我们两个人之间的火药味以分秒必争的态势直线上涨。

他忽然说，你这个人啊，记性就不能差点吗？多少年前的事情，你都能记得一清二楚。难道你都是对的？你也伤害过我啊，我就不记得了。

原本，我猜，他必然对我的指控一条一条反驳过来。所以，我以退为进，准备一旦他发起攻击，就以此为借口，和他彻底恶战一场。没想到，他竟然这么说，一时间，我居然愣在那里，不知该说什么。

他小小的单眼皮微微抽动着，眸子里有丝丝狡黠露出来。

几秒钟过后，我哈哈大笑，说，你得的这个健忘症，我给满分！

他也哈哈笑起来。

我们俩很奇怪地进入一种异常融洽的状态。

人生短短几十年，白驹过隙，我们总在忙着赶路，忙着奋斗，忙着比别人过得更好，甚至，忙到忘了快乐。少年时清澈的水晶心在尘世的荡涤中落了一层厚厚的尘土，快乐越来越少，烦恼却越来越多，总嫌房子不够大、手机不够好、丈夫太憨、儿子太胖，牵挂的事情太多，前尘往事总在耳边萦绕。为什么不把心腾空，放下一部分，忘掉一部分。原来不快乐，是想要的太多，是记性太好。

学会忘记是自身自愈能力的一种体现，而我，总把某人给我的伤害记得太牢，对自己的唠叨、任性却选择性地遗忘，这是否也是人性的一个方面？从今天起，学会忘记，每日自省，不放纵自己坏脾气的增长，才会在人生这场修炼中变得宁静、踏实。

休息那天，我们一起写春联，他问，写什么好呢？

我嘻嘻笑，说，柴米油盐度春秋，锅碗瓢盆探日月。横批就写，唯我高兴！

流氓不好当

陈昭在微信上诉苦，谈恋爱真的太辛苦了。好容易遇到一个有感觉的，可是，人家姑娘喜欢吃西餐，他偏偏是典型的北方人，不吃点米饭面条，胃总觉得空落落的。但是，为了博得女方的好感，陈昭也假装喜欢西餐，每次约会前在晚上搜索关于西餐的常识和典故，只为博美人一笑。轻声细语，殷勤体贴地陪着姑娘切牛排，品红酒，夜色温柔中，看完电影送她回家，月色正酣，女孩眸子里繁星点点，他忍不住想一亲芳泽，于是，朗声问，我能吻你吗？

女孩愣了半天，嘴唇动了动，想说什么，却沉默着，许久，憋出一句，流氓！

陈昭懵了，他敢这么问，多半暗自揣度姑娘对他多少有几分情意，此时此刻，眼看姑娘杏眼圆睁，眸子里微微嗔怒的模样越发显得楚楚动人，他痴痴地瞪着她，心想，今天就是被扇耳光，也认了。不料，姑娘等了半天，他再没有其他动作，于是，恼了，转身就走。

眼看着刚有点眉目的恋情又亮起红灯，陈昭是彻底急了，他问，翠姐，你是女人，你给我说说，我怎么就成流氓了！

我详细询问了约会时的点点滴滴以及两个人相处的细枝末节之处，隐约明白，姑娘其实对陈昭的吻并不反感，只是……

于是，我没好气地说，是男人你就应该狠狠抱住她，狂风暴雨地吻上去！问什么能不能吻你，不是流氓是什么，白痴！

陈昭是我从前的同事，名牌大学毕业，是单位的业务能手。他常常说，别看我一米六的个头，可是，照样胸怀天下，浓缩的都是精华。

眼看奔四了，陈昭相过亲的对象多到能把黄河大桥都占满喽，他在九洲买的房子仍然没有女主人。

陈昭一直嚷嚷，他是个非常绅士的人，和女孩子出去，都会问，你口渴吗？想喝水吗？喝哪个牌子的？苹果汁？矿泉水？苏打水？到饭店前面，势必快速地把门帘掀起来，拉开凳子，把菜单递给姑娘，你想吃点什么？红烧鲫鱼喜欢吗？酸汤肥牛呢？由此及彼，两人火花四射时，想接个吻，他也会征得对方同意，我能吻你吗？

作为一个资深已婚人士，我简直要爆粗口了，想想，好歹咱是文学青年，深呼吸三次之后，我平静地和陈昭探讨。是的，你确实挺绅士，可是，一个男人过于纠结所谓的绅士行为，就显得没主意！男人，拿出点霸气来，难道你以后结了婚，要和媳妇儿亲热，还一个劲儿地问，我们能亲热一下吗？要懂得从对方的眼神、动作、语言中获得信息，爱情的火花来了，你得敏锐地接收才好啊。

再说了，你得确定这个女孩子对你是否有点意思。一般说来，愿意和你约会第二次，肯定是对你抱有好感的，相处一个月以上，代表她对你有探索的兴趣。俗话说得好，男人不坏，女人不爱。坏代表一点情趣、一点男人味、一点不羁，咱不能唐突佳人，也不能放过把感情向前推进的机会不是？

我正要说后半段时，陈昭已经挂了电话。

果然，这厮过了几个月又找我诉苦，和一个女孩第二次约会时，去的是个小酒吧。昏黄的灯光，台上一个西部牛仔打扮的歌手正演奏小夜曲，如此旖旎的夜晚真的很适合谈情说爱，他从姑娘的眼中看到了柔情蜜意，于是毫不犹豫地抱着她狂吻，结果，被扇了一耳光，得到了两个字：流氓！

我哈哈大笑，问，你俩拉过手了吗？

没！陈昭回答。

我去，手都没拉，凭什么接吻啊，你疯了？我实在为陈昭的智商着急。

反正啊，你们女人，不亲是流氓，亲了也是流氓，这年头流氓真是不好当！陈昭快快地说。

哈哈哈，这话你说得在理，当一个讨人喜欢的流氓确实不容易！我笑得面目狰狞。

男女之间的交往讲究一个度，不仅要察言观色，更需要耳听八方，你抛出一个绣球，对方立刻心领神会，扑上来接住才是有趣。所谓情逢对手，势均力敌，才会擦出火花，情到浓时，一切自然水到渠成。当然，不必刻意地掩饰自己的本性，假装机灵或者憨厚，又或者爱吃麻辣烫的假装喜欢牛排，吃一次可以，吃一辈子够辛苦的。

陈昭这样木木的性格只能等适合他的那个人出现才好，果然，小环历经沧桑之后只想找个憨厚老实的，一看陈昭，她就知道，是块璞玉！

在小环的悉心照顾下，陈昭一心扑在工作上，很快得到晋升。小环图他工作稳定、家世良好、为人憨厚，工资卡和奖金以及外快全部上交，陈昭喜欢小环娇俏可爱，鬼点子多到爆棚，每天都有新花样布置下来，两人倒是琴瑟和鸣。

在爱情里，想当流氓不容易，柴米油盐的日子久了，神经都麻木了，甚至懒得掀起任何风浪，什么情趣、浪漫、小情小调一律丢到太平洋，两人都上班、下班、过日子，过着过着，连婚都懒得离了，剩了一副空壳子在尘世里行走。自己不擅当流氓，那就把这个机会留给另外一半，总有一个人，会在某个路口等你，只要你愿意去爱，千帆过尽仍旧相信爱情，那么，终归会遇到那个他的。

有些渐行渐远是人生常态

有位远方的姑娘给我留下一大段话后，头像变成了灰色。她说，自己刚被男友抛弃，心脏剧烈地疼痛。她的家在小镇，父母都是菜农，有一个哥哥、一个姐姐，还有两个妹妹。母亲有心脏病，还有风湿性关节炎，一年四季都处于病痛的折磨中，哥哥和姐姐都还没成家，男友虽然没说出口，但显然已经想到了结婚以后，这一切都会是巨大的负担。

分手是他提出来的，然后，决绝而迅速地从她的生活中转身离开。

本来，依我的性格，必定要指责在爱情面前当了逃兵的人，骂他爱得不够坚定，没有与她共患难的决心。

可是，爱情是两个人的事，浓情蜜意时，往往无形中放大对方的优点，缩小对方的缺点；而婚姻却是反过来，日复一日浸淫在柴米油盐中，往往会夸大对方的缺点，缩小对方的优点。婚前是节俭，婚后可能成了抠门，爱情里看到眼里是浪漫不羁，婚姻里落到地上就有可能变成孩子气、不稳重等等。

爱之初，只看到双方眼里的炙热和火花，谁有兴致去考虑谁洗碗、谁打扫卫生等煞风景的事情呢？更别说更深一层的双方家庭、经济条件等等。在中国，爱情和婚姻不仅仅是两个人的事，而是要面对整整两大家子人，稍有不慎，就会影响到两个人的感情。

由此看来，他现在离开，倒是爽快人。最糟糕的，难道不是碍于情面，隐忍不发，婚后却处处嫌弃，怨声载道，把婚姻真的变成死水吗？

其实，看到这段留言之前，我刚好一眼扫到一位男性友人发的微信，他说，一个男人最痛彻心扉的，莫过于在没有能力的时候，刚好遇到想照顾一生的姑娘……

姑娘，你说，羡慕朋友柚子的爱情故事，她遇到一个能与她共同经受风雨的男人，幸福而踏实。每每看到柚子在朋友圈里晒甜蜜，你就心痛如绞。可是，姑娘，你为什么要拿别人的幸福来当作衡量自己生活的尺度呢？

有些爱情，可能从一开始就注定了渐行渐远。既然是无缘的人，又何必痛苦，何必忧伤。也许，他只是一个普通的男人，很想照顾你一生一世，但，你们相遇的时候，正好是他最没有能力的年纪。

在爱情面前如此，友情亦然。

很多年前和芝芝相识时，我们一见如故：都是文学青年，都喜欢看小说，爱做白日梦，憧憬着有一天环游世界。

前些天在小城再次见面，芝芝拉着她十岁的儿子，微胖的脸上显出红晕，她讲家里的小超市每天有很多人，卖百货和水果，准备再进一些内衣什么的扩充范围，她讲婆婆抠门得很，洗碗连洗洁精都舍不得放，她骂男人是个死鬼，一天到晚就知道打麻将，她兴奋地给我看前些天给孩子拍的艺术照，说想要二胎……

我想起年少时和芝芝到果园里最大的那棵核桃树下看书的情形，风吹过的夏天，空气里都飘着果香，我们静静地坐着，不说话，就十分美好。

我们俩在街边摊上边吃边热烈地讨论将来要写的小说，就好像真的能成大作家似的。

我们还说，将来不能成为老妈子，絮絮叨叨烦死了，要当个可爱的女人。

我们巴拉巴拉地说了很多很多话，春夏秋冬就那么静悄悄地走了。

后来，我离开小城。

芝芝高中毕业后就上班，随后嫁人、生子，开了一家小超市，和公婆住在一起。她笑眯眯的，慵懒又爽朗。

你怎么不在微信上多发几张孩子的照片啊？

你老公对你好吗？你和婆婆相处得怎么样？

你家买的什么车？

……

芝芝热情地笑着，拉着我去她家吃臊子面。

我很想说点什么，却发现，忽然之间，我竟然不知道该说什么。

我是不是应该多晒晒娃，骂骂婆婆和老公，谈谈衣服和鞋子？我问某人。

某人沉默许久，冒出一句，有些友情，注定了渐行渐远，没必要忧伤。

嗯。

就像我们肯定会长大，肯定会衰老，时光也一定会溜走。年少时，以为要和某个人一生一世，以为爱得轰轰烈烈才叫美好，也曾经和某个人好到要穿一条裤子，一日不见如隔三秋，又在时光荏苒中，在人生的岔路口，遇到另外一个他或者她，才明白，多少的刻骨铭心都会随着流年的婉转淡去，多少的知己在成长的起承转合中也渐渐成了熟悉的陌生人，这，都是人生的常态而已！

你没有时间悲伤，因为在下一个路口，终有另外一段爱情或者友情等待着，来让你剩下的人生更加充实、安稳。

爱对了人，也不可能天天过节

初四起上班，白天忙到手脚抽筋，晚上大块吃肉、大杯喝雪碧，脸蛋一下就胖成气球。好容易升温了，准备换掉雪地靴，穿得轻便一些。不料，转瞬间，白茫茫一片。

今天下班后回家的路上，我问他，哎，情人节怎么过啊？

一般问这种话的都是结婚多年的老夫老妻型选手，熟悉对手的体态、脾性，什么时候龇牙、什么时候尥蹶子都一清二楚。恋爱中的女孩儿自然等待 2 月 14 日这天的惊喜，鲜花和巧克力那简直就是标配，指不定还有戒指之类的。这么一想，我还真俗气，脑子里不是吃的就是金银首饰，一点都不纯洁。

他就像没听到我的话，边开车边发现新大陆一般，说，哎，你看，那辆车翻到沟里了，快看啊！

我回头一看，雪地里躺着一辆车，黑乎乎的车里什么都看不到，于是自动脑补了一下惨烈的场面，顿时把原本在脑子里晃悠的鲜花、美酒之类的情形冲刷得一干二净。我恼火地说，如果外面有小情人在拥吻，在打情骂俏，诸如此类温馨热辣，能让人一下子就感受到美好的场景，你第一时间通知我！你干吗非要让我看到那类……

女人啊！某人哼了一声。

我问小美，情人节希望得到的礼物是什么？

她嘿嘿干笑，说，当然是被狠狠地推倒在床上，欲仙欲死一回啊！要不，就欧洲七国游或者微信转账 5000 块！

哈哈哈，你这是明摆着，要么给我很多很多的爱，要么就给我很多很多的钱啊！我对她的直接又爱又恨。

是啊，怎么，不可以啊！他爱我，当然好，不爱我，就由我自己爱自己咯！小美吐吐舌头。

有人说，爱对了人，每天都是情人节。我呸，那人肯定没起夜三次给孩子喂奶，没被孩子的臭臭恶心到几乎要吐，没到菜市场唾沫星子乱飞地买过菜，更没被柴米油盐烦到想死。

好多年前，江湖传闻梁朝伟在某天的中午飞去布拉格广场喂鸽子，然后，再悄悄飞回香港。且不说这则传闻的真假，就看一夕之间全世界的人都羡慕地说，哇，这才是生活！就明白我等滚滚红尘中的饮食男女，生活得有多乏善可陈，才会无条件相信这是真的，并且羡慕赞叹 N 次。

我当然也想过这种生活，最好有自己的化妆师、造型师、营养师，每一分钟都美得一丝不苟，到巴黎吹风，到意大利晒太阳，在家里就可以指着香奈儿的新款对管家说，这件、那件，都要了！

事实上，我在该恋爱的年纪和一个当兵的爱得汹涌澎湃，到了该结婚的时候毫不犹豫地就走入围城；工资一般，买得起房子就傻乐呵个半天，爱臭美却买不起大牌，和某人爱到荼蘼时，恨不得天崩地裂；看到他上完厕所不洗手，又恨不得咬死他。

他对我很好，买菜、做饭、洗衣服、带孩子都包了。

我也很爱他，喜欢他善良、大方、豁达、开朗。

我们每一天都很忙，熊孩子的早、中、晚餐要吃好，中间还要吃点心和水果，要陪着玩游戏，陪着讲故事，我要上班、要写作，他要做饭、洗碗等等，我们不是童话中的王子和公主，过上幸福的生活之后就再没了音讯。我们要吃喝拉撒，要照顾孩子，不仅要照顾自己的脸，更要修炼自己的心，累到人仰马翻。

爱对了人，天天都是过节，这种话真的是骗人的。每天都过节？恐怕有那个心没那个力！

在钢筋水泥的城市里奔走，想光鲜亮丽，想生活品质更上一层楼，匆匆又匆匆。因此，总需要有那么几天，找一些借口来放松一下，找找仪式感，让心情栖息。节日，就成了最好的安慰。穿一件漂亮的衣服，化个妆，相互拥抱一下，亲手烤个蛋糕，做几道小菜，热烈地过节吧！我们没法天天过节，生活的真实面目本就如此，可我们可以好好爱自己，在节日这一天，给对方一个炙热的吻，一个爱的眼神。

我给某人发了 2.14 元的情人节红包，他嘿嘿傻笑。

少年时，渴望有一个人爱我如生命，和他走遍千山万水也心甘情愿。如今为人妻、为人母，你若问我，爱情是什么？我会答，爱情就是空间感和舒放自如的焦距！是我剥葱，他洗，锅里飘来米饭的香味，吃完饭，一起切水果，轻声细语地聊天，我一闹，他一笑，旁边还有一个熊孩子歪着头在看。

中国式离婚

范佳周末特意到郊区的集贸市场逛了一圈，她买了一个大猪肘子，又讨价还价买了一只土鸡。市场上人特别多，都是来置办年货的，兴致勃勃地来了，等买了一堆东西满足地往回走时，她忽然傻眼了：公交车站还远着呢，出租车一时半会儿又打不上，怎么回家啊？

早上原本想让王大明开车送自己来的，可人家前一天晚上和同学聚会喝得酩酊大醉，睡得像死猪一样。范佳叹了口气，眼看时间一点点过去，只好慌乱洗漱了一下，出门打了个车就直奔市场。临出门时，朵朵睡眼蒙胧地问，妈妈，今天晚上，我们就吃肘子吗？

嗯，好！范佳笑了笑，赶紧出门。

西北风嗖嗖的，范佳搓了搓手，问了好几辆黑车，开口就要80块，她嫌贵，就放弃了。正跺着脚，伸长了脖子往前看时，一辆黑色的奔驰悄无声息地就停下了，车窗摇下来，露出一张熟悉的脸，居然是几年未见的沈鹏！

沈鹏一摆手，干吗呢？快上车，这么冷的天，怎么不让你家王大明来接啊！

沈鹏当年追范佳可谓煞费苦心，但范佳终归不喜欢他那股子暴发户劲头，最后选择了王大明。女人在爱情面前，鄙视一切金钱的侵扰，总认为自己会甜蜜到永远。不过，王大明很快就和范佳到了老夫老妻的地步，这一点，她是打死都不愿承认的。

范佳对沈鹏的感情就像闺蜜，所以准备放下自尊心赶紧上车回家，可沈鹏转身对着后排一位眉目如画的女孩介绍，哎，这是我们学校的校花，我当年追了三年啊，人家死活没答应！

哈哈哈！那姑娘一阵大笑。今早出来时，太匆忙，范佳素着一张脸就出门了，估摸着怎么看也不像校花级别的人物。而那位发出阵阵娇笑的姑娘却是精心化了妆，头发卷得一丝不苟。两相对比，范佳显得寒碜多了，她心里顿时堵得难受，随口说，王大明十分钟后就到，不劳驾你了，呵呵。

和我客气什么啊，你这人！沈鹏明白范佳的脾气，丢给她一个白眼，吐出两个字，回见！

范佳最终挤着一辆黑车回到家，她鼻子通红，披头散发的憋着一股劲儿居然把买的东西都提回了家。

干什么呢，饭都不做？看着王大明吐在客厅里的那一堆，她就想吐，心里骂自个，当初瞎了眼，找了这么个王八蛋。

王大明倒是不气也不恼，满嘴酒气地抱着范佳啵了一口，说，老婆，我渴了。

范佳苦笑了一下，给王大明冲了一杯蜂蜜水，又收拾了他吐的那一摊，然后麻利地做饭。从卫生间出来时，王大明已经洗漱完毕，在给朵朵剥虾。

从早上到现在都没吃东西，范佳早就饥肠辘辘，她习惯性地走上前，往昔的王大明肯定第一时间剥了虾，蘸上小料送到她嘴里，然后，她笑，说，谢谢老公。那个时候，范佳不管多累，都会感到幸福。不料，她坐在王大明的对面发了半天呆，他却只顾着给朵朵喂食，而且淡淡地说，快吃啊，发什么呆！

范佳的鼻子忽然有点发酸，有点莫名的失落，失魂落魄地吃完饭，一个人躲在书房发呆。

当初找王大明时，他喜欢写诗，隔三差五地发一些诗人的轶事给她解闷。不仅牢记范佳的生理期，连她喜欢用哪个牌子的卫生巾也记得一清二楚。

王大明家买不起房子，范佳家的陪嫁就是一套房子。

王大明家出不起彩礼，范佳把自己攒的私房钱拿出来假装是他给的。

王大明不会打扮，范佳从头到脚把他收拾得像模像样。

沈鹏嘲笑范佳，女人啊，人王大明越是不理你，你越是黏糊！悲剧！

范佳从前认为这是羡慕妒忌恨，现在坐在沙发上忽然想起，眼角湿漉漉的。

　　年初一回婆婆家，范佳给弟弟家的小孩包了 500 块钱的红包。500 也不算少了，她是这么想的。谁知，刚到卫生间关上门，就听婆婆嘀咕，哟，范佳这种城里人也这么小气！你看看，给我买的羊毛衫肯定是网上的便宜货，你还不如当初把小娟找上呢，起码能挣钱。

　　小娟是王大明的初恋情人，开理发店的，确实非常能干。范佳这个气啊，结婚都这么多年了，自己处处低眉顺眼，婆婆仍旧不满意。

　　晚上吃饭时，从不沾酒的范佳喝了好几杯红酒，头晕目眩的，早早就躺下了。夜半时分，口干舌燥得厉害，她起身想把窗台上的杯子端过来喝几口水，就听王大明母子俩在嘀嘀咕咕。忍不住趴在门缝边细细地听。

　　她不知道那钱是你的吧？婆婆轻声叮嘱着。

　　王大明嘿嘿笑，我说是问弟媳妇家借的！

　　嗯，儿子，别太实诚。

　　……买房子时，首付要 40 万。范佳和王大明有 20 万的积蓄，她问父母借了 10 万，王大明主动表示也回家借钱，几天后就说问弟媳妇家借了 10 万块。

　　范佳的耳朵轰隆隆地巨响，原来闹了半天，明明是王大明的私房钱，他却说是借来的！回想自己一直傻乎乎的，挣的每一分钱都花在这个家里，包括单位偶尔发的奖金，都全部上交，呵呵。

　　王大明在乎钱，这一点，结婚前就知道了。比如说，恋爱时，能坐公交就坐公交，能吃麻辣烫绝不涮火锅，等等，范佳认为这是会过日子，再说，她就是个大手大脚的人，有个勤俭持家的男人，不是挺好吗？她是拿这话堵老妈的嘴的，也是拿这话安慰自己的。

　　时间长了，范佳在钱上屡次受伤：有一回她想吃西餐，一年到头总有那么一天，想要个浪漫，过过二人世界，吃个牛排，来点红酒。于是，把朵朵送到姥姥家，订好餐厅，盛装打扮去了。谁知，王大明一个劲儿地矜持，说，你吃，我不饿。一份牛排398元，确实有点贵，但是，老婆难得有心情，怎么就不体谅一下呢？范佳气得用眼珠子瞪他，说，我请客，不用你掏钱。王大明结结巴巴地解释，不是，我真不饿。再说，我不爱吃这些，这样，我陪你，你吃就行。

　　范佳顿时明白，王大明这是怕花钱啊！再一拷问，王大明竟然吃了麻辣烫才来的！

　　你！她气得胸口一起一伏的，差点憋出内伤来。

　　怎么了嘛，还不是照顾你心情，你吃，我陪你呗！王大明丝毫不以为意。

　　范佳其实想在幽幽的灯光下，告诉王大明，今天是我们认识十年的纪念日。但王大明似乎更关注今天这笔钱到底能不能省下来的问题，她叹了口气，没了吃的心情。

　　离婚算了！范佳悄悄躺回被窝里，这几年来，在父母面前拼命证明自己和王大明过得很好，最困难的时候，她都笑眯眯的。可今晚，眼泪止也止不住地往下淌着，她被一种浓烈的失望包裹着。

第二天，范佳从父母家回来，王大明居然在厨房忙碌着：青椒皮蛋、爆炒腰花、清炖土鸡、麻婆豆腐等等，他笑嘻嘻地说，老婆，我今天下厨，你好好享用老公做的美食吧！

范佳本已受伤的心略略平复了一些，朵朵端着果汁主动在她的杯子上当嘟一下，说，妈妈，春节快乐呀！

唉！不知为什么，心底里闪过一个大大的叹号，范佳想，离了婚，孩子就成没爸爸的人了。

中国式婚姻，一开始，都带着爱情闯进来，慢慢的，都麻木不仁，死水泛不起一丝微澜。过着，食不知味；不过了，患得患失。

把平凡的日子过得像诗一样

———— \\ ∨ // ————

live every ordinary day
to be poetry

Chapter 9
寻爱的影子

　　在尘世中做着白日梦，幻想在海边吹风，在江南晒太阳。当初说过的，做个人淡如菊的女子，可为什么，开始变得唠叨，开始有点小小的虚荣，开始怕你离开……

何谓情逢对手

在医院的椅子上等着叫号，百无聊赖中听到后排座椅上的女士打电话的声音……

喂，你干吗呢？我忽然想起冰箱里还有很多吃的，你拿出来先晾上，我回家给咱们做。

对方可能说好，这位女士的声音立刻柔和起来，我忍不住回头看了一眼，她的侧脸线条温柔，脖颈修长而洁白。

冰箱最下面一层有我切好的羊羔肉，你拿出来用凉水泡上，我看完病回去来一个爆炒羊羔肉。

哦，不知道哪一个是羊羔肉啊。傻瓜，我都切好了分别放在小袋子里，袋子口上写着羊羔肉的就是了。

还有还有，冰箱上层有我昨晚洗好的鲶鱼，你也拿出来放到厨房，我再做个红烧鲶鱼。哦，对了，再拿出一颗白菜吧，我做的醋熘白菜也很好吃呢。

手机听筒的声音很大，也可能我坐的位置离这位女士实在太近，这厢柔情蜜意地说着话儿，那边却使出化骨绵掌，轻飘飘地来了一句，不知道哪一个是鲶鱼，你回来再说吧。说话的女子瞬间没了声息，眸子里刚才闪烁着的光芒立刻就被浑浊的颜色所替代，沉默了几秒钟，她说，那好吧，我回去再说吧。

不知为什么，我忽然想到了情逢对手这个词！多少的女子终其一生都在追寻良人。何谓良人？知我、懂我、爱我、惜我！假若刚才电话里的男士换一种口吻该多好，一听老婆有兴趣下厨，用充满磁性的声音低沉而又迷人地在女子的耳畔轻笑，哇，真的吗？那我有口福了，好，这就找找羊羔肉。你等着啊，我要是找不到，你给我指导，呵呵。一阵开冰箱的窸窸窣窣声音传来，男人继续说，哦，找到啦，看到上面写着羊羔肉。嗯，不管是不是，我拿出一袋子先化开，终归是个肉就对了。嘿嘿，你一个人在医院要小心啊，我先把米饭做好等你，中午要辛苦你啦……如此这番，浓情蜜意，对方递来一颗糖，总得还她一大片甜蜜才好，想必此番话落在女子心田，必定甜在心头，多美好的画面！可是，太多男人把粗糙当借口，把忙碌当挡箭牌，对着妻子说话总是大大咧咧，风风火火，一丝停顿都没有，分分钟都在传达着，我们是老夫老妻了，好好过日子就对了，别指望我做点什么来讨你欢心！

我和某人结婚时，他的嗓门超级大，也许是在部队喊口号习惯了。自己尚不觉得，听者却如洪钟般响亮。按说这种情况，吵架的时候你来我往，唇枪舌剑，那真是痛快！可偏偏不是这样，往往因为什么事情发生争执，都是我气愤地巴拉巴拉说个不停，直到口干舌燥，人家都是把身子一扭，要么假装听不见照常看电视，要么闷头睡觉。女人在爱情中使出柔情蜜意来需要回应，吵架时更是想得到对方的回应，越是这个时候，我越是恼火，往往气急败坏地掀开被子狠狠拔他腿毛，直听到他嗷嗷乱叫才算满意了。

后来，我很认真地和他沟通这个问题，他才说，原以为自己闷声不语，以此来换取我的谅解，不想却会错了意。

我呸，你不说，我怎么知道你什么意思？我咬牙切齿地说。我亲你的时候，你的眼睛里都藏着一块冰，我哪里还有那个热情啊，同样的道理，我开骂的时候，你也得把自己的想法说出来，咱们有一说一……

而后，我对什么事情表示不满时，他总是及时地说出自己的想法，闷葫芦也开了窍，沟通起来就没有了障碍。我在八一建军节的时候给他发了八块一毛钱的红包，并且留了言；他会在情人节这一天给我发短信，说，亲爱的，你是我的最爱！女人嘛，肉麻的话怎么听都不嫌多！所谓情逢对手，凹面正好遇到凸面的概率实在是少，大多数则是小桥流水正好就遇到波澜壮阔，一个喜欢麻辣烫，一个喜欢西餐。婚姻是一辈子的修行，情逢对手的喜悦也建立在平日里双方的积累和沟通中，别指望男人一开始就懂你，一个眼神就明白你想要什么，那基本是做梦！你老妈也不可能从你一个俏皮的微笑中就立刻明白你下午想吃炸酱面不是？

你给我美好，我才能回忆

丽莎在情人节这天晚上和达明闹了一场之后，从饭店跑出来了。

吵架的原因在我这个久经柴米油盐沙场考验的人看来，真是小事一桩，可在丽莎眼里，她受到了很大的伤害。原来，丽莎为了时髦，大冷天还穿着船袜，露着脚踝；到了饭店，菜品刚一上桌，她就迫不及待地拍了照上传朋友圈，还搭配了煽情的文字：尽管天寒地冻，可是，和亲爱的他在一起，甜蜜又踏实……

达明摇了摇头，说，你呀，真是文艺女青年！大冷的天，发神经啊……文艺女青年这个称呼让丽莎坐不住了，在她眼里，文艺女青年代表"作"，说白了就是骂人的话。再说了，是什么让一个女人冒着严寒还露脚踝啊，不就是爱吗？胸中奔涌着如潮的爱意，才有勇气这么做的。但此时此刻，达明这话让她的心情如坠谷底，丽莎气呼呼地站起来说，我呸，你才文艺女青年呢，你们全家都文艺女青年！说完，转身就冲出饭店。

女人但凡上演这一桥段，必定想让男人在后面追出来，诚恳地说一句，宝贝，我错了。偏偏丽莎躲到饭店旁的小巷子里等了半个小时，伸长了脖子盯着从饭店出来的男男女女，就是没有达明的身影。

我问达明，你为什么不追出去？

他哼了一声，打了一个饱嗝，说，女人啊，会被惯出毛病的！第一回我追出去了，肯定还有第二回，第三回。老夫老妻了，矫情的！

我是见识过达明的细心和耐心的，他安排客户吃饭会记住每一位客户的喜好，喜欢吃甜点的，他一定会点一道饭店新推出的点心；喜欢喝酒前来一杯牛奶的，他也会及时安排服务生上一杯牛奶……他运营着公司的微信公众号，回答问题一丝不苟，细致且体贴，像个知心大姐姐，怎么轮到丽莎身上，就如此粗糙呢？

你追出去会掉块肉啊？女人很好哄，说几句甜言蜜语，她立刻高兴得蹦起来！同为女人，我气愤地为丽莎打抱不平。

姐姐，我一天到晚在公司累得像狗，哪有那份心情啊。丽莎是我最亲的人，就不能多包容点我吗？达明丝毫不觉得有什么不对，还继续愤愤不平地说，今天要去吃小面，明天要去看电影，天天有花样，懂事一点行不行啊？

原本我还想和达明说点什么，劝慰一下，看来没必要了。

丽莎很快变成了一个懂事的女人，她再也不要求达明陪着逛商场，再也不在下班之前给他发嗲嗲的短信，周末也从不要求一起看电影、逛公园了。

　　达明从忙碌中脱开身，放松下来时，他忽然感到了不一样的气息，他说，老婆，一起去新开的那家火锅店吃个饭吧？

　　丽莎淡淡地说，不去了，就在家吃吧，下个面就行。

　　他说，老婆，我发了奖金给你买个 LV 吧。

　　丽莎笑了笑，说，谢谢，不用了。

　　丽莎再也不像从前一样黏着达明了，她再也不给达明诉苦，絮絮叨叨地说些单位里勾心斗角的事情了，她懂事的一个人生活在这座城市，像是生活中从来没有过达明一样。

　　达明慌了，前几天问我怎么办？

　　我说，你不是喜欢懂事的女人吗？你不是嫌丽莎黏人吗？你不是骂她矫情吗？她现在懂事得很，不好吗？

　　我错了，达明想了想，说，我要请她吃个饭，认真地向她道歉。

　　呵呵。我笑了。

　　达明以前总爱说，婚姻就是靠美好回忆生活的，男人娶了谁都后悔，女人嫁给谁都会后悔个两三次。

　　在锅碗瓢盆的日子里牵绊，偶尔肯定会想，如果换个人会不会不一样？可是，烟火色里，进了婚姻这座城，不代表着从此后相看两不厌，更不代表可以放下恋爱时的怜惜、炙热、甜蜜，可以把所有的缺点任由它肆无忌惮地生长。没有共同的理解和包容，没有相互给予的浓情蜜意，又靠什么过完这漫长的一生？

　　同样的，女人若以为嫁了人，就可以披头散发，素面朝天，一改恋爱时的温柔娴静，动不动就河东狮吼，天天喊，你看人家谁谁谁怎样怎样，以光速从少女进化到大妈，从灵魂到肉体都停滞不前，那么，活该你被嫌弃！

　　倘若婚姻真的是靠美好回忆生活，那么，这一刻的美妙，是未来时光中的温馨回忆，你不给我美好，又拿什么回忆？

剩男王大志

　　王大志眼看 30 岁了，还没个结婚的对象，他妈急了，昨晚又给我打电话，一定得让我给介绍个对象。其实我对王大志这小伙子挺有好感，他热心、能吃苦，邻居谁有事，只要他有空，二话不说，卷起袖子就去帮忙了。

　　我一思量，表妹小婉不是单身吗？正好，撮合一下这两个人。第一次见面安排在我家，王大志殷勤地帮小婉削苹果、倒饮料，还谈起最近的新闻八卦，眼看两个人眉眼间热辣辣的，我一个劲使眼色，暗示他领着姑娘看电影去。不料，王大志忽然站起身来，说："那个，家里有事，我先走了，咱们下次聊。"我送他到门口，回来一低头，发现沙发坐垫上有一张纸，纸上写着相亲步骤，首先要削苹果、倒饮料，再就是列好了两条最近发生的新闻，最后竟然写着，别和她去看电影，太贵，等有了进一步发展再说。小婉哈哈大笑，说："估计是他妈妈写的，太逗了！"

　　王大志憨厚、沉闷，和小婉约会都是女方说了算，小婉问一句，他答一句；小婉说去哪儿，就去哪儿……两人相处了三个月后，小婉在某天中午哭得梨花带雨给我吐槽："王大志连稀饭都不会熬，我过生日他连一束花都不买，干什么都得向他妈妈报告，太没劲了。"正说着，王大志在门外喊："翠姐，小婉在你家吗？"

小婉冲过去开门，骂道："你还来干吗，我们分手吧。"王大志嘿嘿干笑，连搂带抱地把小婉拉进卧室，就听小婉又哭又骂，没几秒钟的时间，悄无声息。我顺着门缝一看，哎哟，两人正在接吻！

和好以后，我估摸着王大志和小婉的婚事是水到渠成的事儿。不料，小婉决绝地和他分了手。大志妈来找我，说："大志不会做饭，我会！大志不会疼人，我会……我这个婆婆全包了，还想怎样？"小婉在微信上告诉我：两个人有了矛盾，王大志只会来强的，又搂又抱又亲，压根不沟通。约会之前，都得大志妈拟好中午吃什么，聊天说什么，他傻乎乎地把他妈妈做的一切还都告诉我……

唉，我沉默了，王大志这个人，人不错，踏实、能干，可是，就是长不大。大志在微信上问：姐，什么叫长不大？什么意思？我到大志家串门，想和大志妈好好聊聊。刚坐下，大志妈就笑着说："你先坐，我给这孩子把皮鞋擦擦，他打球去了。晚上啊，别人给介绍了个对象，我还得给嘱咐嘱咐。"一瞬间，我把想说的话咽回肚里。

一转眼，王大志快 32 岁了，他在微信上说，大丈夫顶天立地，事业成功了，还怕没女人？这些年，他开过出租、贩过煤、干过

销售、当过会计，没一样干长的。大志妈说："我儿子有房有车，我还打工给他挣着咧，哪个女人找了我儿子，是她的福气。"

　　世间多少饮食男女，就有多少寂寞游荡。很多男人，肉体已长大，灵魂却停滞不前，他们在人群中孤独前行，永远不明了自己为什么孤独。

操着老妈子的心，做着女神的梦

那一年还很流行在家里挂挂历，舅舅从北京带回来的挂历上，是一个女明星大大的头像。她穿着一件黑色的高领衫，鬈发如云，眼眸深邃，我屏住呼吸，发出赞叹，哇，真美！

青涩少女时期的我因为痛经、鼻炎等等，再加上喜欢吃方便面，不爱吃青菜，缺乏锻炼，面色蜡黄，成天带着个熊猫眼，脸上此起彼伏的痘痘时刻提醒我，青春期是个烦恼的事情！我喜欢漂亮的女人，她们让我在小城狭小的空间里能够畅想未来，对一个女人未知的未来充满了好奇和憧憬：工作、爱情、丈夫，孩子……

挂历在第二年就成了没用的东西，我舍不得丢掉，细心地把她挂在卧室的墙上，再后来，包在书皮上。虽然每天过着学校和家的两点一线生活，灰突突的没有一丝光亮，但我始终记得她，这是第一个让我对美丽心生向往的女明星。

渐渐长大，上大学时用第一只唇膏，开始烫发，尝试化妆，认识了很多很多明艳不可方物的女人，笃定地相信，自己以后会做一个人淡如菊的女人，不唠叨、不攀比、不虚荣。终于遇到生命中的他，结婚、生子，恍若惊梦似的，从前瘦弱、不堪一击的我成了女汉子，走路风风火火，两手提着大包小包，站在楼下吼两嗓子，顶楼的人都能听见。

你嫁了个当兵的，真是模样大变！一友人打趣道。

我嘿嘿干笑，奇怪，时光里的那个自己去哪里了呢？

想做个精致的女人，每天化妆，精心做头发，一颦一笑都摇曳生姿。可时常在平常的生活中感到疲倦，坐在沙发上安静地喘口气就是莫大的享受，哪里有力气再化妆、卸妆。有些梦，只能想想而已，比如，女神的梦！

我依然喜欢女神们，看着旅游卫视，翻翻女明星的素颜照，给自己心里暗示，哦，她们也长得不怎么样呢。也就给了自己懒惰的理由，进一步在庸常的生活里平淡地过下去。

心海泛起波澜时，我对镜贴花黄，别人 15 分钟可以化一个精致的妆，我可能得 40 分钟，还手忙脚乱。好在，有一颗爱美的心，足矣。

哎，孩子今天穿这个毛衣冷吗？

水还有吗？要买吗？

啊，你怎么还穿这件衬衫，该换了！

呀，我的袜子到哪里去了？

……

我在时光隧道中蜕变了容颜，皮肤饱满，没有了痘痘，神采飞扬，奔忙于柴米油盐中。转身发现，自己怎么如此絮叨，暗暗捂住嘴巴，心想，人淡如菊是多么难的命题。

很多美丽的人儿在岁月里变得苍老，也许在普通的生活里成了老妈子一样的女人，有了皱纹、有了痘印，青丝染白发，就连大姨妈也出了问题，并不时常来光顾。可我们依然爱美，打心眼里接受备受摧残的容颜，即便操着老妈子的心，也会做女神的梦，永远！

再见钟情

　　冯小阳好容易盼着周末休息睡个懒觉，刚盖上被子就被手机的铃声吵醒，还没等她回过神来，王璐璐悲凄的声音就在耳畔弥漫开来：小阳，甄伟下午和别的女孩子约会了，我难过得要命，能去你那儿吗？

　　甄伟是王璐璐的男神，据说在她们公司，从前台的小女生到扫地大妈都对甄伟意乱情迷。

　　冯小阳对此嗤之以鼻，她丢给王璐璐一个白眼，冷冷地说，拍张照片给我看看，要是能打动我，那证明还不错。

　　王璐璐哼哼了两声，说，我才不呢，万一你也爱上他怎么办？你比我漂亮……

　　哎呀，我去！

　　自从甄伟有一次早上顺路给王璐璐带了早餐之后，王璐璐就死心塌地地对他动了心。可喜欢甄伟的女人实在太多了，她只好心甘情愿地做起了他的哥们儿！这不，听说甄伟追求集团副总的女儿，并在微信上隐晦地表示今天下午约好喝咖啡，王璐璐的心简直碎了一地！

冯小阳和王璐璐是高中同学，两人从小玩到大，王璐璐家条件不错，每次有什么好吃的都留给小阳一口，冯小阳对此充满感激之情，她眼看着王璐璐被这种无望的感情折磨得心力交瘁，实在受不了了，对着手机吼道，约的什么地方？几点？我去会会他！都几年了，你累不累？干吗不问清楚，如果对你有意思，就大方地交往，人家不喜欢你的话，你就彻底死心好不好？

哦，那个，微信上说今天下午 3 点，在洛丽塔咖啡。我，我觉得你说的有道理，这样太痛苦了。啊呀，那不好吧，他会生气吗？会认为我太……王璐璐一字一顿的语气惹得冯小阳更加恼火，她又吼了一嗓子，娘们，闭嘴！这事儿听我的就行！

洛丽塔咖啡是本城文艺青年趋之若鹜的地方，冯小阳穿了个 T 恤和牛仔裤就下楼打车。等到了咖啡馆之后，她忽然想起来，那个甄伟长什么样都不知道，怎么打抱不平啊！就在冯小阳冲到卫生间想给王璐璐打个电话时，耳边传来一个男人的声音，什么？我，我甄伟……不不……

回头一看，一个身材修长的男人对着手机露出苦笑，他浓眉大眼，棱角分明的脸上确实洋溢着十足的英武之气。冯小阳嘿嘿一乐，心想，真是得来全不费功夫，她噌地走到这个男人身边，大声问，你是甄伟吗？

男人迅速结束谈话，把手机放回兜里，犹豫了一下，点点头，说，你是？

如果是个男人，你给我说实话，到底喜不喜欢王璐璐？喜欢，就在一起！不喜欢，麻烦你离她远一点，不要玩暧昧，害人害己！冯小阳的眉毛拧在一起，闷声道。

王璐璐？眼前的男人似乎压根不认识王璐璐，他迷茫的眼神空洞无物，又好像努力回想着什么。

在一个雨夜，王璐璐和甄伟接过吻，这事儿冯小阳是知道的，当时她还骂过王璐璐神经病。既然都亲过了，这个王八蛋竟然装不认识是什么意思？冯小阳简直气炸了，她狠狠地在面前这个男人的脚上踩了一下，骂道，装什么啊？有本事玩女人没本事承认是吧？混蛋！告诉你，离璐璐远一点，要不，姑奶奶见你一次打你一次！说完，她扭头就走。

坐进出租车里，冯小阳心里的怒火还没散，她早就看出甄伟确实不喜欢王璐璐，如果喜欢，早就加大火力追了，用不着等到现在。可眼看璐璐泥潭深陷，她干着急没办法。本来今天想着和甄伟好好谈谈，但是，看他竟然连王璐璐的名字都想不起来的样子，冯小阳就火大。正在这时，王璐璐的电话来了，她着急地问，小阳，别去闹事啊。我刚才听同事说，甄伟今天下午好像真的和老总的女儿约会，人家两个人都订婚了。洛丽塔咖啡馆那个女孩子是他大学同学，好像两个人以前谈过恋爱，甄伟怕她闹事，故意约她喝咖啡的。估计，他本人不会过去的。

啊？冯小阳浑身哆嗦，那刚才的男人是？她简直无法想像，这种蠢事都能发生，算了，反正以后也不会再见到那个男人。肚子咕咕叫，冯小阳想起二姨还在医院住着，本城再也没别的亲戚，不如顺路去探望，和二姨一块儿吃午饭。

买了一堆水果和吃的到了医院，二姨愁眉苦脸地躺在床上，冯小阳安慰了好久，悄悄退出来到医生办公室打算咨询一下。一个小护士说，石凯医生主管的病人，你得问他。他现在上手术了，估计5点多能下手术。

冯小阳趴在二姨的床边迷糊了一觉，就听手机铃声响起来，五点到了，五点到了。她连忙起身，一个穿着白大褂的年轻医生风一样地从走廊那头过来，小护士叫着，25床家属！

哎，来了，来了！冯小阳连忙撒腿跑过去，气喘吁吁地坐下之后，顿时愣在那里。年轻的医生也刚摘掉口罩，他的眼睛大而圆，挺拔的鼻子，眸子里有种似笑非笑的神情。上午刚刚在咖啡馆见过面的男人，下午居然又遇到了！冯小阳口干舌燥的想解释点什么，又说不出来，她想，完了完了，冤孽啊。

哦，你是病人的什么人？面前的这个男人抿抿嘴，像是什么都没发生似的，公式化地问。

她是我二姨！冯小阳也假装没发生什么。

请叫直系亲属过来，就是她的子女或老公。好了，既然你不是她的直系亲属，那么术前谈话明天下午 5 点准时进行。石凯似乎没有心情再说什么，站起身来就要走。

你，你，哎！冯小阳追到门口，她怀疑这家伙是不是公报私仇才这样的，于是低声说，上午我认错人了，对不起啊。

他猛地回头，目光清澈如水，嘴角边带着一个略显尴尬的笑容，小声说，没事。不过，按照规定确实需要直系亲属过来。

石凯走路的速度很快，冯小阳在后面紧紧追着才跟得上他的步伐，他的身上有一股淡淡的消毒水的味道，她想起上午踩过他的脚，教训过他，就不由得想笑。

到了二姨的病房门口时，冯小阳偷偷对着石凯的背影轻笑，他却忽然回头，两人都愣在那里，仿佛有劈劈啪啪的火花声吱吱响，他目光深沉地打量着她，嘴角微微颤动，仍旧一个字都没有说，她的脸莫名发烧。其实对陌生人，冯小阳从来都是淡淡的，内心的铜墙铁壁，旁人轻易穿不透。对石凯，不知原因的熟悉感吸引着她放肆地释放自己，她说不清为什么，明明是陌生人，却像是早就熟识一般。心里小鹿乱撞，她躲进病房，二姨起身上卫生间了，冯小阳就坐在床边发呆，目光迷离中，石凯不知什么时候又从办公室过来，他脱了白大褂，像是要下班的样子，穿着一件格子衬衫，刚走几步，蓦然发觉冯小阳呆呆坐在床边，他努力直视前方，走到她身边时，又忍不住把目光移到她的脸上。周遭寂静一片，冯小阳几乎不敢呼吸，她咬着嘴唇，紧张得汗毛直立，他似乎也在极力控制着什么，两人就这样平静地消失在彼此的视线中。

冯小阳记不清自己是怎么回到家的，她躺在床上发呆，耳边擂鼓一般，二十多年以来，第一次对一个男人产生异样的情愫，而且是第一次见面，不，是第二次见面就如此强烈地牵扯着自己的神经。

璐璐，你对甄伟彻底死心吧，得不到的就别想着了。静下心来，找个爱你的男人，嫁了吧。冯小阳惆怅满怀地劝着王璐璐，却想着自己的心事：由上午的情况看，甄伟和石凯是认识的，甄伟能抛开和王璐璐的一点点半真不假的感情追求集团老总的女儿，难保石凯不是这样的人。自己只是来自小城的姑娘，爹妈虽然退休了，却没有丰厚的嫁妆留给自己，一切都要靠自己和未来的丈夫打拼，再喜欢又有什么用。她长长叹口气，脑子里乱哄哄的，笑笑打来电话，说，姐，我妈妈后天手术，费用还差一点，你能给凑一凑吗？

笑笑是二姨唯一的女儿，二姨从小就最疼自己，能帮自然要帮的。冯小阳放下电话，把自己存的钱拿出来细细盘算一遍，准备拿出 5 万块给二姨。

姐，太谢谢你了，我知道你不容易。放心，我妈有医保的，报销完了就还你！笑笑连哭带笑的，冯小阳又少不得安慰了许久，一再表示，这是自己存的嫁妆，没什么用处，先拿去用云云。

手术那天，冯小阳早早地就来到了医院，看着二姨被推进手术室。她坐在椅子上发呆，直到手术结束，石凯和其他医护人员从里面出来，说一切顺利，这才放下心来。再次见面，冯小阳的心脏不受控制地狂跳，她甚至不敢直视石凯的目光，心慌意乱地拿着包在住院部门口的大槐树下，想见他，又怕见他。索性准备回去，免得被他看出来丢脸，刚走到医院门口，就听有人喊她的名字，冯小阳！

石凯笑眯眯地站在她身后，你不打算向我道歉吗？至少请我吃饭才行！

冯小阳羞赧地味味笑，平日的伶牙俐齿一点都派不上用场，想得美！

那，我请你吃饭怎么样？石凯呵呵笑，走到她身边，牵起她右手的小拇指。虽然是一点点皮肤的碰触，冯小阳却浑身战栗，她低声说，你！

石凯似乎也很紧张，他小声说，我怕你二姨的手术做完出院以后，再也见不着你了。

两人都低着头，空气变得炙热，滚烫的温度让冯小阳的脸一直发烧，她不由自主地和他一块去吃饭。内心想着无数个现实问题，不想像王璐璐一样到最后只留下痛苦的回忆，可动了心，根本无法抗拒他对自己的吸引。

夜晚的星空宁静而辽远，送她到小区门口，石凯忽然拉着她到旁边的巷子里，昏暗的光线里，他揽着她的肩，温热的唇几乎要压了过来，冯小阳的大脑像是停止思考了一样，她又想到甄伟，哆嗦着挣脱他的怀抱就要往里走。

我们，会有未来吗？冯小阳忧伤地冒出一句。

你怎么了？我是真心喜欢你，我们为什么没有未来？石凯拉过她，认真地盯着她看，像是想起什么，一笑，说，甄伟那家伙就那个德性，那天，他非要让我帮他招待一个同学，我压根没见过，所以，搞得一团糟。我可不是他，我对感情很认真的！

我先回去了！石凯越是真挚，冯小阳越是慌乱，她怕付出之后受伤，就像自己和吴毅之间，当初她一心帮着他考研、考博，最后，吴毅出国了，喜欢上另外一个女人，冯小阳明明心里滴血，嘴上却说，没关系的，不喜欢了还可以做朋友。实际上，从吴毅告诉冯小阳他喜欢上另外一个女孩子起，他们就再也没有联系。冯小阳像只蜗牛，把自己的伤藏起来，默默地任由岁月抚平，再也没有力气谈情说爱。她早就想好了，如果哪一天感到孤独，就找一个老实的男人嫁了，生个孩子，一直终老。当初青涩年华里，为爱走天涯，被伤得血淋淋之后，结痂、脱落、麻木，就几乎不再相信爱情了。这种极度的不安全感，无从说起，却牢牢扎根。

那你亲我一下再走！石凯耍赖。

不！

那我亲你一下？

不！

冯小阳要疯了，挣扎中被牢牢压在石凯的怀里，他的唇还是覆盖了她的，她在他的怀里发抖，唇瓣被吮吸得肿胀而饱满，直到两人几乎都不能呼吸了，他才放开她。

我从来没有过这样的感觉，特别特别喜欢你，真的。我走了，你逃不掉了，别想玩花样！石凯嘻嘻笑着，狠狠抱抱她，才向着远处跑去。

做了一晚上旖旎的梦，冯小阳早上醒来时，嘴角还带着笑。上班时，电梯间里碰到同事，对方还打趣她，哎呀，小阳，浑身都带着迷人的气息，肯定恋爱了。冯小阳摸着自己的脸，窃笑，难道这么明显？

中午，一个陌生的来电打破了冯小阳的宁静。

冯小阳是吧？我是甄伟，石凯的表哥！我在你楼下的吉祥私房菜，你过来吧，关于石凯，我们得谈谈。

一上午的心神不定终于有了结果，原来有暴风雨即将来临。冯小阳对着镜子整理一下妆容，她发现眼角居然新添了两根小细纹，不免心生伤感。奔三的年纪，青春渐行渐远，爱情却飘忽不定。

石凯告诉我，他喜欢上了一个女孩子，居然是王璐璐的同学！这世界真是太小了。我不喜欢兜圈子，直奔主题吧。我家条件一般，所以我想找个条件不错的女孩子，这样自己能少奋斗几年。石凯和我不一样，他爸爸在老家开着一家诊所，条件很好。他妈妈希望，将来能找一个教师或者公务员做儿媳妇！我来做这个恶人，你还能面子上好过点。如果换了石凯的妈妈来，那就不好了。你们这种小城上来的姑娘，我见多了，都想攀龙附凤，找个好男人，把自己家的那个穷坑填一下！对不起，男人也不傻，你找别人我不反对，请别骚扰我表弟，我正准备给他介绍一个从英国留学回来的女孩子，将来准备继承家里的产业，对石凯很有帮助。说着，甄伟从手机里调出一张照片，照片上的女孩子青春靓丽，比冯小阳漂亮多了。

冯小阳虽然内心深处有隐隐的自卑和不安全感，但她绝对容不下甄伟这种人来伤害自己，她的心脏仿佛被一把火烧着，浑身的每一寸肌肤都火烧火燎的疼。冯小阳呼啦站起身来，把桌上的柠檬水啪地重重放下，又端起来咕嘟咕嘟喝下去，说，是，你找了一个有钱人的女儿，恭喜喽！想让你表弟也找一个，我理解。我这种出身的人，高攀不起你们，不过我压根不想高攀，谢谢啊！

这是石凯的意思吗？冯小阳想了想，回头问。

甄伟坚定地点了点头，说，他不好意思对你说啊，谁让你那么痴情地对他一见钟情呢？所以，我来当恶人好了。

你们！

一气之下，冯小阳换了手机号，又重新租了房子，像是人间蒸发一样，从石凯的生活中消失了。

王璐璐知道了冯小阳和石凯的故事之后，连连感慨，对一个人动心，多不容易啊！你应该给石凯一个机会！

算了，我高攀不起！我妈都催我几遍了，周末下班准备相亲去，命运就这样，认命吧！冯小阳叹口气。

周末的新华街人潮如织，冯小阳穿了条深蓝色的碎花裙，坐在七星楼靠窗的位置，等着相亲对象。据说，这个 30 岁的男人是个中学老师，看照片微胖，戴眼镜，有房子，没贷款。父母都是公务员，已经退休了。

呵呵，冯小阳呵呵两声，心想，自己都是货架子上的大白菜了，没多少水分，挑三拣四干吗啊，先见见面吧。

正等着，眼睛被一个人从身后蒙住了，她吓得大叫，干什么？

打扮这么好看等谁呢？你已经有男朋友了，忘了吗？没心没肺的姑娘，你也太狠了点吧？

这男中音极强的穿透力让冯小阳汗毛直立，是石凯！真是个冤家。她没好气地说，要你管啊，我奔三的人了，相个亲不丢人吧！你快点走，免得破坏我的好事！

石凯放开她，不管不顾地抱着在她的脸蛋上狠狠亲了一口，说，当你下决心干蠢事的时候，都这么横吗？

管得着吗？冯小阳丢给他一个白眼。

傻不傻啊，真有这么个相亲对象等你啊，要不是我和师兄串通好了，你能来吗？王璐璐告诉我，你喜欢我！石凯嘿嘿笑。

冯小阳睁大了眼睛，不敢置信地问，王璐璐这个叛徒！

她说，你做梦还叫我的名字呢，没有我，你会死的！石凯挑挑眉毛，说，医生的天职就是救助病人，你没有我会死，我当然不能让你死啦，这不，我就来了！

啊哈哈，我，我呸！冯小阳被气笑了，她还说什么了？

她还说啊，冯小阳是个老处女，就等着你来拯救了！石凯咳嗽两声。

你信不信我杀了你啊！冯小阳气得连声笑。

石凯忽然认真起来，定定地看着她，揉揉她的头发，说，你以为我和甄伟一样啊，这个混蛋，我已经和他绝交了！我喜欢你，不经过我的允许就玩失踪，太任性了，以后结了婚可不许这样！

我喜欢军医！冯小阳实在没什么可说的了。爽快答应了，多没面子。

哦，这样啊，我还年轻，我可以考虑考到四医大去！将来当军医！石凯龇牙笑。

我喜欢上海！冯小阳憋着笑。

那我考二医大！石凯拉着她到门口，把仍旧喋喋不休的女人塞到车里，猛地堵住她的嘴巴一顿乱亲，说，王璐璐说了，你开始说点不着边际的话时，就堵住你的嘴巴，千万不能和你客气。对了，她还说，你是个嘴上说不，心里想要的人。

啊啊，王璐璐这个天杀的女人！冯小阳又气又笑，既然爱情凶猛来袭，那安于接受是最好的结果喽。

看来，世间有一见钟情！还有一见闹心，再见才钟情！

把平凡的日子过得像诗一样

————— ＞＞ ∨ // —————

live every ordinary day
to be poetry

Chapter 10
所谓成长

　　在一个雨夜想念爱情，在琐碎的生活里却渐渐磨去当初的澎湃。偶尔会想，如果当初认识的是另外一个人，会不会有所不同？拼命努力，想成为更好的自己，累了、倦了，恍然明了，所谓成长，包括爱情在内！

如果你爱他，所有的一切都能克服

正要睡觉，被一档情感调解节目吸引住了目光：一对结婚多年的夫妻闹起了离婚，妻子泪水涟涟，丈夫一脸漠然。

原来，这位丈夫是大学生，妻子却是小学毕业。多年以前，丈夫到农村的亲戚家串门，不料，从架子上跌下来摔伤了腿。当时的妻子青春年少，主动前来照顾，于是，郎有情妾有意，两人自然而然地产生出浓烈的爱意，一起进入了婚姻的殿堂。

不料，婚后多年，男方忽然提出离婚，女方难以接受。

女方哭着说，自己这么多年没有功劳也有苦劳，照顾一家老小，伺候公婆起居，怎么能这样无情无义……

男方却表露出对婚姻深切的痛苦和无奈，说因为妻子没有什么文化，除了吃喝拉撒，平日里两人再难有更深刻的沟通，多年来，都在内心深处感到孤独和压抑。现在，孩子大了，终于鼓起勇气提出离婚，想过属于自己的生活。

有多少婚姻是因为怦然心动而在一起，又有多少是因为了解而分手的呢？

外在的财富、阶级、学识，内在的修养、情商，匹配到一定程度时，大家都会说，这是门当户对的爱情。反之，则不被看好。

好莱坞著名演员休·杰克曼的妻子比他大了 13 岁，而且长相很普通。在外界看来，这是一对很不登对的夫妻。但是，结婚 18 年以来，休·杰克曼和妻子都很合拍，不仅体恤妻子因为两度流产而受损的身体，收养了两个孩子，而且夫妻二人一起观看网球赛时还情到深处当众热吻，一度羡煞旁人。休·杰克曼对媒体透露婚姻相处的秘诀就是，永远都别埋怨老婆。

在婚姻当中，做到永远别埋怨一个人，是件非常困难的事情！特别是，进入围城之后，曾经的细心和体贴可能被粗糙和坚硬代替，曾经的花火和新鲜，则可能变成日复一日的重复和乏味。但是，如果真的相爱，那么，所有的一切就都能克服。

我和某人当初相识、相恋时，丝毫没有想到房子、车子的问题，可能看的小说太多，满脑子都是他的眉眼和笑容，沉浸在爱情的甜蜜中，觉得距离和空间都不是问题，其他的更不在话下。

很快，生活就把残酷的序幕拉开在我眼前。

因为父亲是医生，所以我很注重卫生习惯，特别是洗手：从门外回来要洗手、碰了墙面也要洗手、洗水果之前要洗手、洗碗之前更得洗手……一天之中，洗手频率非常高。我从没认为这有什么不妥，想当然地觉得这是每个人都应该具有的生活习惯。

可是，某人却不以为然。因为常年在部队，经常要参加训练、演习、拉练等等，一个月不洗澡是常有的事情，所以，洗不洗手成了一件微不足道的小事。

你怎么不洗手啊？

洗啦，只是你没看到而已！

撒谎，我都没听到水龙头打开。

你烦不烦啊！

……

这种对话在我和某人之间经常发生，回到公婆家后，才更加明白什么叫迥然相异的两个家庭、两种价值观：公婆是地道的菜农，常年劳作，过日子精打细算惯了，如果今天吃的是素面，那么，洗碗时就不放洗洁精，只是用清水冲干净就可以；好一点的衣服必须等到走亲戚时才会穿，水果这种奢侈品，他们从来都不吃……

公婆家没有卫生间，如果想解大手，得走大约两站路那么远，到某个学校的公共卫生间去如厕。晚上，半夜起来想上厕所，只好在阳台上用痰盂解决。

我喜欢吃水果，每天都要收拾漂亮才会出门，夏天要戴墨镜，偶尔烫头发、化妆，一激动会给孩子买好看的衣服……这一切，都和公婆的处事风格格格不入。

直到那一瞬间，我才意识到，我二十出头时鄙视的"门当户对"在某种程度上，是有一定道理的。

我喜欢的《机器猫》、《大头儿子和小头爸爸》，还有《福尔摩斯探案集》，都没在他的童年留下任何印象。

他放鹅经过乡间的田埂，头顶的白云悠悠，那种画面我也没经历过。

好像结了婚，才发现大家原来有这么多的不同。

他常年穿军装，平日里无论春夏秋冬，都只有那几套便装。我嫌他丢脸，于是，给他买了很流行的衣服和鞋子，想好好地包装一番。他不爱洗手，不讲卫生，我就非常有耐心地一遍又一遍地提醒……慢慢的，他不耐烦，我也很不开心，两人吵起架来就像天雷勾地火，惊天动地，唾沫星子乱飞。

我想让他改变，他却想让我改变，潜意识里，都想让对方变成自己脑海中的那个人。

在一次冷战之后，我忍不住喊出"离婚"两个字，这两个字一出口，我们两个人都吓了一跳，愣在那里不做声。

难道真的不再相爱了吗？真的要离婚吗？

为什么想到要离开他，就心痛如绞？

在某种程度上，我以为我们俩已经到了话不投机半句多的地步，冷静下来之后，才发觉，自己根本不想离开他，还很爱他。

想想当初恋爱时，不就是因为他幽默、豁达的生活态度令我怦然心动吗？什么时候，竟然在单纯的初衷里面加入了太多的附加条件，越来越不快乐，越来越作茧自缚？假若他当真变成了我心目中所想的那个人，是否仍旧是爱的模样呢？

我们都下意识地放松了捆在对方身上的枷锁，我每次都征求他的意见，你是不是该添一件衣服了？也不再有强迫症似的总盯着他洗手的问题纠结个没完；他也尽量变得讲究一些，勤洗手、勤打扫，尊重我的生活习惯和处事方式，彼此都真正尊重对方时，才发现，海阔天空，反而更能愉快地生活，又可以打情骂俏，又找回了恋爱时的感觉。

如果真的深深相爱，那么所有的一切都能克服。两个人在一起，精神上共同的进步，眼神相互融会交流，不可或缺的爱情火花，在世俗的生活中是确保爱情新鲜的决定性因素。

我的少女时代

　　每一个女孩的少女时代大概都做过旖旎的梦，梦到自己将来会成为一个怎样怎样的人，可实际上，多年以后的我们依然平凡、琐碎，疲倦且无奈，几乎忘记了少女时代的梦想，也没力气再去回忆什么。劳累奔波一天，无非最想回家躺在沙发上，喝杯水，有一口热饭，足矣。粗糙且平庸，这就是我们的人生！

　　那时，从家走到学校需要 15 分钟，从校门口到医院拐角需要 10 分钟，我会站在电线杆下听完一段广播剧，然后再回去。那一年，我有很多梦想，想去考古、想做个战地记者、想做个画家、想做演员、想当编辑……一次作文课，老师让大家谈谈自己的理想，娟子站在讲台上羞涩地一笑，说，她的理想是将来做一名营业员！底下顿时一片哗然，营业员？站在柜台上卖东西的营业员？叽叽喳喳的声音愈演愈烈，娟子有点尴尬，用手拢了拢头发，嘴角动了动，却什么也说不出。老师忙上台解围，说想当营业员也没什么不好云云，顺势就叫了下一位同学上台。

　　下了晚自习，我依旧步行回家，从校门口开始，马路两旁的花坛里种满了夜来香。回家时，正是夜来香怒放的时候，黄的、玫红的，夜晚的星空下，夜来香清新怡人，以至周遭自行车叮铃铃的声音我都能充耳不闻。娟子谈到理想时嘴角上斜的轻盈，面对纷纷扰扰的声音时的窘态，我突然想到，自己的梦想是什么呢？梦想是多么美好的一个词，带着翩然而至的摇曳身姿，可偏偏内心一个声音说，为什么要有梦想？为什么不能吃饱、喝好，走一步看一步？这个念头冒出来，我被自己的没出息吓了一跳。莉莉说，她喜欢自由自在，做自己喜欢的事情。我当然也想，只是浮现在脑海里的，是更世俗的现实问题：靠什么生活？

走到钟鼓楼时，被风吹动的古铜铃发出一阵阵清脆的响声，夜晚是宁静的，寂寥中带着不谙世事的畅快。我喜欢夜，没有白天的喧嚣，伴着夜来香的争相吐蕊，慰藉着少年挣扎在尘世的心。

母亲自然希望我学业有成，光耀门楣，最不济嫁个好人，也好有面子。可惜我懒散惯了，只钟情于写作和画画，这两样亦不能救我于水火之中。一日，家里来了个亲戚，听说她在省城一家非常大的宾馆做服务员，工资有两千多块。那时的两千多块无异于一笔巨款，我仿佛豁然开朗一般，等那人走后，便对母亲说，我也要退学去当服务员！母亲显然没料到我竟然能说出退学的话，不禁勃然大怒，很生气地告诉我，必须好好学习，考不上大学也得在学校待着。

后来听说考电影学院挺好，我热血沸腾地给电影学院写了信，压根不知道地址，于是懵懂地写上某某电影学院学生处收。那些年，网络还不像现在这般普及，我不知道到哪里去查询考试的科目和时间，心也渐渐冷静下来，觉得自己什么都不会就想考电影学院简直太可笑了，慢慢地，这个梦想被我扔在苒苒岁月中。高考前夕，一封来自电影学院的信静静放到我的桌肚里，恍如隔世般，我又想起，自己曾经想过当个演员呢，眼看考期将近，也只能淡淡一笑。

树影婆娑中，青春在一个个夏天的轮转中溜走，回首时，只剩下一个青涩的影子。上次回家碰到娟子，那个曾经想当营业员的少女，她已经成为两个孩子的母亲，红扑扑的脸蛋上挂着憨实的笑容，自己经营一个小面馆。还有想当医生的、想当数学家的、想当军人的……那些个小伙伴们，曾经清晰地把面庞印在我的青春岁月里，又逐一远走。而我，到电视台实习过，真的当了编辑，也真的忘掉了曾经的多个梦想和人……那个在苹果花深处偷偷微笑的少年、那个在校园小径上狂奔的女孩、那些年伴随我的夜来香、那时走进我生命中却又匆匆离去的人儿……

少女时期，我讨厌喋喋不休的中年妇女，整日里灰头土脸，一脸的苦大仇深，成日里东家长、西家短，满腹怨气，方圆百里都能被她震撼到。我想，我绝不能成为那样的女人。我要柔软、明澈，像花一样，哪怕无人欣赏，也要独自芬芳。慢慢地，在流年的辗转中，少女时期的锋利在钢筋水泥的城市里被磨平，我爱笑、爱闹，有时阳春白雪、有时下里巴人，偶尔，也喋喋不休，我没有成为自己讨厌的那一种人，却也没能成为自己欣赏的那一种。

　　我终究按部就班地工作、结婚，一切都照前人的脚步往前踏去。在我因循守旧的同时，莉莉却放弃稳定的工作考到上海读研究生，然后出国。她回国时，孑然一身，空闲时去游历山水，没钱时找个工作。大家都问她，你怎么还不恋爱，你怎么还不结婚……她一笑，我的爱情还在前方。我也想俗气地问，你孤单吗？话到嘴边，没说出口。三十岁出头的女人，哪里会不孤单？中国式的热情询问一轮接一轮，莉莉始终笑眯眯的。她说，你千万不要被柴米油盐牵绊住，要做自己！她说这话的时候，是前年的夏天，银川的天空瓦蓝瓦蓝，我被是否要孩子这个问题压得头疼欲裂：我和老公结婚七年，始终在两个人的江湖里徜徉。亲友们苦口婆心地劝我，不要孩子怎么行？一个女人不生孩子就是不完整的……

　　我其实想去学面点制作，之后再去学化妆造型，等他脱了军装，我们一起游山玩水，做自己想做的事情，我的人生计划里从没有生孩子这一项。莉莉看我的眼神里有叹息声，她说，一个女人，是要有梦想的。莉莉去上海之后，我们好久都没联系。

　　我终是放弃了自己的计划，怀孕、生子！在我穿着睡衣忙着给孩子换尿布、冲奶粉时，莉莉在上海接手一家咖啡店，带着她的团队策划一个又一个的主题活动。一个夏日的傍晚，我和亲朋在饭店给孩子过百天，吃了一餐饭出来已是夜色迷离。我坐在车的后排，孩子嗷嗷叫着，车窗外车水马龙。莉莉打来电话，说她的咖啡店，说她的梦想，说她的西班牙。她的声音清亮迷人，我静静地听着，我和她，两个人、两处天涯。也许女人都有五彩的梦想，有的人把梦湮没在流年里，有的人却拾起。我想，梦想的光芒下，柴米油盐亦散发醉人的馨香。

只有拼尽全力，才会对失败释然

买了一双短靴，样子很好看，皮子看上去很软，试穿的时候也没有任何问题。结果，外出才走了两站路就把脚趾头磨破了，疼得我龇牙咧嘴。正一瘸一拐地逛商场时，小霜打来电话，问，你干吗呢？

逛街啊，要过女人节了！一把年纪了，逛趟街不容易，有事说事，没事挂了！我撇撇嘴。

最讨厌你们这些成天把年龄挂在嘴上的人了，年龄是问题吗？小霜气冲冲来了一句，挂了。

5分钟之后，她又打来电话，说，翠，我是一个失败透顶的人！

过了一会儿，她在微信上给我留了言，说发了邮件到我的邮箱，请我务必把她的故事记下来。看完邮件，我百味杂陈，坐在商场的沙发上发呆，一个失败过无数次的人，怎样对失败释然？一个以正能量为标签的人，怎样遮挡脆弱和孤单？

小霜和英子曾经好到睡一个被窝。小霜活泼开朗，英子内敛深沉，英子曾经多次说过，小霜真是一个正能量的人。可是，随着高考成绩的尘埃落定，她们俩的关系悄悄地发生了变化。

英子考上了大学，到省城割了双眼皮，开始学着化妆，迈着一双大长腿走在小城的街上，她回眸一笑，怎么看都是一道风景。

小霜接到了一所民办大学的录取通知书，她窝在家里哭了整整一个晚上，第二天就发现自己额头上又冒出两颗痘痘。

好强的小霜大学一毕业就积极创业，竟然争取到一笔大学生创业的贷款，在学校南门租了一间小小的门面卖酸辣粉。某天，她正在店里忙碌着，一抬头，居然看到英子挽着秉钧的胳膊娉娉婷婷地走了进来……

秉钧是小霜暗暗喜欢的男生，只是，她一直觉得自己不够好，所以没有表白。此时此刻，英子长发披肩，穿着一条白色的连衣裙，显得明眸皓齿，而小霜却因为劳累，面色蜡黄，两手油渍。似乎空气中每一粒跳动的灰尘都在无声无息地说明一个事实，英子才是秉钧的最佳选择！

小霜记不清自己是怎样熬过那个尴尬的时刻的，她只清晰地回忆起那个夜晚，眼泪止不住地流淌着，却不能发出一点声息。

几个月后，小店因经营不善倒闭，小霜经历了生命中最寒冷的季节，她带着剩下的钱天南海北地旅行回来，想咨询一下电台推荐的心理专家，今后的路该如何继续走下去。孰不知，在专家的微信公众号平台上，小霜赫然看到英子的照片，还有一系列的声明，其中一条是，若想提供专业的一对一的咨询，一小时是 300

块钱。一肚子的话在看到声明的那一刻被小霜咽回肚子里，她被一种奔涌而来的挫败感折磨着，辗转难眠。

其实，失败对于我来说简直就是家常便饭。小学被派去参加400米跑竞赛，耳膜里灌满了同学们的加油声，那一刻，巴不得自己变成段誉，用一下凌波微步就能嗖的一声闪到最前方，可是，还是不争气地成了最后一名，差点被看台上的嘘声淹没。

到了中学，数理化成绩糟糕到极点，以至于每次考试都要暗地打听最后一名是谁，每每知道不是我，才安下心来。

大学毕业，号称是学中文的，却不会排版、不会校对，更没法子做到又快又好地写出采访稿来。跟着编辑老师学排版时，我被骂得狗血淋头，对方一个劲地反问，你是学中文的吗？内心时常被挫败感紧紧包裹着，几乎快喘不过气来。那时候，我特别怀念那些上学的日子，偷偷旷课窝在宿舍看言情小说，别提多舒坦了；可我也恨那些日子，正因为自己的懒惰，才有了今时今日的我。

主编下了命令，在一个星期内要熟练运用排版软件，否则……

否则就走人，我明白这句话的含义。

因为办公室的电脑不够用，所以我每天早上6点多就到单位打开编辑老师的电脑练习排版，晚上下班后练到9点才下班回家。由于长时间盯着电脑，头晕眼花，眼睛一个劲地流眼泪，我对自己一点信心都没有，更没想过要超越什么，仅仅是想赶紧学会，也好留在这个单位。

　　好像电视剧里的情节到了这个时候，一般都要反转，菜鸟后来高飞，一雪前耻什么的。但，这是生活，是真实又残酷的生活。

　　我终于排好了自己编辑的版面，并且得到副主编的赞扬，说我学得很快。第一个月的工资是 600 块钱的实习生待遇，我打听了一下，考取编制的话至少要熬两年。

　　我主动提出了辞职，后来应聘到另外一家杂志社工作，在经历过痛苦的煎熬之后，我终于可以又快又好地写出稿子。奇怪的是，坐在办公室的电脑前，想起从前的那些岁月，曾经备受屈辱的心居然平静又踏实。很多年后，在一位前辈的微博上看到这句话，耳边才轰隆作响，原来只有拼尽全力，才会对失败释然！

　　我知道小霜烦恼的事情还不止这些，她已经 29 岁了，还孑然一身。在中国，29 岁还没有男朋友的女人简直就是八卦的对象，每天不仅要活在柴米油盐中，还要面对各种关心和问候。

　　如果你平时都嘻嘻哈哈，偶尔有一天疲惫不堪，没有笑容。立刻就会有人议论，估计被甩了！

　　如果你在单位业绩突出，被领导嘉奖，很快有人就会叽叽喳喳，还不是和男客户耍暧昧。

　　如果你周末一个人素面朝天去逛街，马上就会有大妈亲切地叮嘱你，该找个对象了，别太挑剔！

　　……

　　像我这么大年纪了，只想活得自在一点！

把年龄拿出来，当一下挡箭牌又如何？

不孕不育，发烧感冒，房子、车子、票子，水电气，锅碗瓢盆，等等，都可以成为话题，逃不掉，躲不开，好姑娘不可能永远光芒万丈，不可能喝了太多心灵鸡汤就真的变成母鸡中的战斗机，

也会痛经、也会妒忌、也会颓废，没关系，闭上眼睛，把手机丢在一边，把所有的脆弱和孤单遮挡在年龄里……

我都这把年纪了，肯定要找个有感觉的男人啊，所以还不急。

我都这么大了，会自己看着办的，您就别操心了。

……

既然拼尽全力，又何苦介怀，所有的苦和眼泪只说明了一件事，姑娘我尽力了，现在就想舒坦地活着。努力的人不会被辜负，即便取得不了世俗意义上的成功，可是，所有的汗水和辛苦都会照耀前方的路，使我们的心变得更加豁达、开朗、宽广！

爱要做、架要吵，婚到桥头自然直

徐佳直愣愣地问我，你和你家那位多久做一次爱？如此绝密、高度隐私的问题，我从未想过这家伙会问出来，一时惊在那里，支支吾吾地说，这个，那个……

没等我说出个所以然来，徐佳就神情黯淡自顾自地说，我和他之间，好几个月才有一次，我想，是不是该分手了？

徐佳和鹏举可是很黏糊的一对，出门必勾肩搭背，吃饭时相互谦让有加，有时候情到浓时，还来个爱的抱抱，羡煞旁人。

我却是普通女人，和某人恩爱起来如胶似漆，吵起架来则是地动山摇，飙高音量，竹筒倒豆子一般。

有一次，我和某人从娘家回来。路上，不知谈论到什么，两人之间的火药味就有点浓了。当然，女人随时随地有一万种理由不高兴，比如今天的口红颜色忽然变得黯淡，再比如一抬头，他还穿着前天的衬衫……桩桩件件，一碰触就不由得怒从心头起，心底一旦有了不快，随便一个话题，就会点燃怒火。

他先我一步回家，我噔噔追上楼。

你有完没完？他气呼呼地说着，就想把窗户关上。

我雄赳赳、气昂昂地冲上去阻止了他关窗户的举动，大声说，怎么了，吵个架怎么了？让邻居知道了，丢人啊？谁还没吵过架？十里八乡知道了，我也不怕！

他苦笑，说，你的分贝再高一点的话，十里八乡的人民确实都会知道我们俩今天吵了一架！

我啪啪啪地把胸中的怨气统统倒出来，口干舌燥地准备倒杯水，他连忙把水杯子递到我面前，说，渴了吧？

我没说话，咕嘟咕嘟地喝水。

说那么多话，嘴巴不干才怪！他幽幽冒出一句。

我扑哧笑出来，扑上去一阵拳打脚踢，两人和好如初。

而徐佳是外表温柔，实则倔脾气一个。她和鹏举闹矛盾一般都冷战好几天，不吵也不闹，两人都不说话，就像生活在一个屋檐下的室友：她脱外套、换拖鞋、煮面，他也是一样的步骤，只不过打电话叫外卖，然后玩手机。夜里，两个人都僵着，一个向左睡，一个向右睡。

刚结婚的那一年多时间，每次有什么不愉快，鹏举都会主动投降，徐佳也就顺水推舟地找个台阶下。婚姻就是一首锅碗瓢盆交响曲，勺子哪有不碰到锅沿的时候，牙齿还有咬到嘴唇的呢。两人都是爱面子的人，有什么不痛快的地方，都不愿意吵闹，怕丢脸，怕邻居笑话，怕失了分寸和形象。渐渐的，心底不舒服时，都下意识地相互不说话，冷静地生活在一所屋子里，像两条平行线，永不相交。

在这样的冷战下，对肉体的欲望自然降低，没了相互拥抱时的炙热，也没有了耳鬓厮磨的柔情蜜意，曾经的火花四射，到最后相敬如冰。可能习惯了做一对模范夫妻，尽管处在冷战状态，一起出席饭局时，鹏举依旧第一时间为徐佳夹菜、倒红酒，回家时，两人留给外人的仍旧是甜蜜的背影。

我为徐佳讲述的这些婚姻真相而叹息，忽然莫名感到，其实能吵架也是一种能力。

在一篇文章中看到日本女作家宇野千代知道丈夫有了外遇，甚至明知他屡次外出极有可能是会情人去了，却一次电话都没打过，并且很洒脱地想，他若骗我，我打这个电话有何意义？他若没骗我，我打这电话则更无意义。

后来，宇野千代主动和丈夫分居，并且在丈夫提出离婚后，为他收拾好行李，彼此结束长达 25 年的夫妻生活。

主流声音都在赞叹，哇，女作家的风格如此独特，闲云野鹤一般。

我却想，如果真的足够爱，怎么会一点都不吃醋？一点都不烦恼？一点都不难过？或者说，为了自己特立独行的风格而保持骄傲的自尊，把伤痛埋在心底，憋成内伤？

两个人原本为了爱在一起，到最后，连吵架的力气都没有了，死水泛不起微澜。世间最悲哀的事莫过于此！

中国人一向内敛，不擅将内心积压的情感倾吐出来。总有吵架伤感情这种说法左右着大家，在我看来，能伤到感情的吵架无非是口无遮拦，万箭齐发，招招致命，才会让另外一半痛苦到心冷。

比如，离婚吧，过不下去了！你今天不跟我离婚，就不是男人！

你都 40 岁的人了，在领导面前还像个哈巴狗，摇尾乞怜的，你以为自己能耐啊，我呸！

要不是我家，你能有今天？

瞧人家某某，多漂亮。你呢，黄脸婆一个，躺在床上像木头，我能对你有兴趣才怪！

……

说出这些话时，已然面目狰狞，恨不得每一句话都化为利刃，直戳对方的最痛处，看着对方痛苦、抽搐，心里才会痛快。而婚姻到了此时，一种情况就是对方浑身冰冷，离婚了事；另一种情况就是，两人的关系更加冷淡，无治愈的可能。

本着平等、尊重的原则，不妨竹筒倒豆子一般把自己平日对对方的不满统统说出来，说出自己的底线到底在哪里，那么，对方如果爱你，也就自然有所忌惮。

因为柴米油盐中的不愉快而用性惩罚的手段来收拾另一半，是愚蠢的做法。老人们常说，夫妻嘛，床头打架床尾和，说的就是肢体接触带给两人的柔和感是感情恢复的黏合剂，但少了言语的沟通，出了问题就想把对方直接扑倒，企图用简单粗暴的性生活来平复一切的，纯属耍流氓，会收到更加糟糕的效果。

酸甜苦辣、聚散无常本是生活的常态，朋友闹翻、夫妻吵架、职场烦恼更是俯拾皆是，如果为短暂一生中本属平常的烦恼性情大变，从而折磨自己、折磨他人，伤人于无形，失去了最爱的人，岂不是人生最大的损失？有了烦恼你要吵，那就打开天窗说亮话，憋成内伤，苦的只能是自己。

爱要做，架要吵，婚到桥头自然直！

无情水

我叫巧鸽，在本城银古路 128 号当服务生。本店只接待为情所伤的男女，一杯无情水喝下，前情往事皆忘却，此后无情无牵挂。

我的微信只有这一条内容。

阿莱说，分店这边就由你负责了，我偶尔会过去。世间骚情男女太多，伤心断肠汤喝下去，再来一杯无情水。

一个初中生管理一家店是不是有点勉强？我笑了。

客气的。阿莱的眸子里透着狡黠的光。

刚放下电话，就听一个男人吼着，有人吗？有人吗？

立在大厅的男子三十岁左右，神色疲倦，身形修长，他的眼珠里满是红血丝，环顾四周，声音嘶哑地凄然笑道，忘情饭？真的能忘情吗？

从前车马慢，一生只爱一个人。如今车水马龙，怕是乱花渐欲迷人眼。忘与不忘，你自己的心知道！我冷笑，从后厨端出一个托盘来，朗声道，忘情饭一碗，伤心断肠汤一碗，无情水一杯。

你的声音像块冰！趴在桌子上的男子突然冒出一句。

本店只管疗心，不包卖笑！亦不出售温度！我淡淡地说完，准备收了钱就退出去，目光转移到青色的地板时，蓦然发觉，那有点点的水滴，是他的眼泪吗？

寂静的大厅里窜出幽幽的长叹声，男子双肩抖动，突然起身大口大口喝下伤心断肠汤，瞬间被辛辣的味道呛得发出猛烈的咳嗽声。他扔下一叠钞票和一张女人的照片，说，如果这个女人来你们店里，请一定帮我留住她，我已经错过太多，再也不能失去她了。她为我抛弃了一切，我傻傻地认为她会永远在原地等我，无论我走多远。我一度觉得爱上了别的女人，所以忽视她，伤害了她，笃定她离不开我。可是，等到她彻底远离我的生活，才发现我根本不能没有她，但是，她消失得无影无踪了。她喜欢新奇一点的东西，也许有一天她会来你的店里，请一定帮我留住她。

我凭什么帮你？对于不懂得珍惜的男人，我并无好感。

他上下打量我一番，笑了，轻飘飘地说，就凭你也为情所伤过。

我生气了，我没有，我仅仅是个从农村出来的丫头，靠当服务员混口饭吃，从来就没谈过恋爱，怎么会为情所伤？

哈哈哈哈，你说谎的技术并不高明。他大笑，盯着我的眼睛一字一顿地说，你的目光里有一潭深水，晃荡开来都是忧伤……

他还打算继续往下说，我已然不想听下去，滚，快点滚出去！

正午时光，日头把白刺刺的光投射进来，我倚在椅子上发呆，旋即站起来对着镜子仔细看着自己的脸：难道还这么明显？

镜中的女子眼睛像两粒滚圆的葡萄，在光线的笼罩中发出莹润的光芒，嘴唇饱满，顾盼生辉。一个声音仿佛从远处飘来，丑小鸭，你借了别人的脸，也是丑小鸭，陈进永远不会喜欢你！

天气很热，冷气充足，我对着镜子打了个寒战，内心叹息一声，喝了无情水，怎么还是没能全部忘掉呢？

胡思乱想永远不能戒掉俗世的伤和累，索性到了后厨，亲手做一款移情饼：一半是红豆沙，甜香软糯；一半是绿豆沙，微微的咸伴着芝麻的清香，饼是心形，甜和咸两种口感就像是蜜恋和失恋两种境况，冰火两重天。饼刚出炉，外皮酥脆，尝第一口的时候，门铃叮咚一声。

光顾本店的客人大多形单影只，神情沮丧，几乎没有人注意门口还有门铃。

一个俏丽的短发女子立在门口左顾右盼，手里拿着一张旧报纸，她试探着问，您好，应该是这里吧？有伤心断肠汤和无情水？

我无声地点点头，做了一个请的姿势。

你应该是为情所伤才来这里的，我刚做了一款移情饼，推荐你尝尝。忘掉一个人最好的办法，就是开始一段新的生活。莫名的，我对这个始终挂着恬淡笑容的女子很有好感。

她莞尔一笑，眼神清亮，甜甜地说，我已经开始新生活了，好，那就尝尝吧！

嗯，唔，口感很特别。她咬了一小口，小心地咀嚼，目光望着窗外的天空，长长地呼了一口气，说，很多年前，我特别喜欢一个男人，爱他爱得发了狂，给他洗衣服、洗袜子、为他留起长发、穿上高跟鞋，为了他留在这座城市，跟家里闹翻，还威胁父母要是不同意，我就去死。后来，我带着一大笔嫁妆嫁给他了，生了孩子，打扫屋子，家里家外忙个不停，还要随时接待他老家来的各种亲戚。我穿网上买的30块钱的T恤，用大宝，把家收拾得窗明几净，会做各种菜；他穿着我到商场买的几百块钱的衬衫，帅气又迷人……

话音戛然而止。

我的手发抖，带着愤怒问她，说啊，为什么不说了？

她片刻失神，低声啜泣着，还用说下去吗？还用吗？

你还是忘不了，还是放不下，你就是个贱人，贱到让这个男人祸害你一辈子都不知道离他远远的！我带着满腔的怒火骂着。

是，是，就是那么俗套，他爱上别人了，我成了身无长处的大妈！我父母早跟我断绝关系了，我为他抛弃了全世界，他最后抛弃了我，我就是贱，你骂吧，继续骂吧！她呜呜咽咽地哭着，狠狠地抓着自己的头发。

我索性拿出一把瓜子嗑了起来，世间贱人太多，矫情的更多，忘不掉就活该继续受罪。

哭着哭着，她累了，端起无情水咕嘟咕嘟地喝了下去，喘着粗气说，你还有心情吃瓜子？你是在嘲笑我吗？

你看我长得怎么样？我扬起脸，问。

她愣了，端详了半天，舔舔嘴唇，犹豫着说，挺漂亮的啊！

哈哈哈哈！我歇斯底里地大笑。8 年前，我是个单眼皮、满脸雀斑的女生，自卑又懦弱，有心仪的男生接近我时，我高兴得要发疯，像他的小跟班一样，满世界追着他的影子跑，他说想留在省城，想在大城市有自己的房子和车子，我就玩命学习，做兼职，后来，才发现，他接近我只是为了得到另外一个女生的消息。我以为他喜欢的是大眼睛双眼皮、锥子脸的女生，于是带着自己攒的钱去整容。等我回来的时候，他却在和未婚妻自驾游的路上死了！王八蛋是不是？谁允许他死了？谁允许的？他要是仍然像以前那样告诉我，真的不喜欢我，姑奶奶就像扔掉一坨臭狗屎一样扔掉他了，去过新的生活了！可是，他死了，我他妈的时时刻刻幻想着，他其实是喜欢我的，我都没有机会唾弃他，没有机会尝试被他拒绝后撕心裂肺的痛，一切就结束了。

陈进这个名字像是一把刀，每当深夜来临的时候，都会把我的心脏戳得血淋淋的。我以为自己会把他永远放在心里，烂掉也不说出口。没想到在短发女子的面前，我竟然一口气说了个痛快。她微微一怔，连忙上前一步，抱住我发抖的身子，轻声嘘了一口气，说，果然是个受过伤的姑娘。我哭了一场舒服多了，你呢，好多了吧？

你看，我已经开始新生活了，真的。剪掉长发，报了美容课程，在一家公司找到了新职位，努力恢复和父母的关系。不是每一个人都会有美好的爱情来润泽整个人生，不是每一种命运对你的亏欠到最后都会被弥补。我想通了，你也应该重新开始！她掏出一叠钱，说，我走了，妹妹，再会。

像是突然悟到了什么，我问，既然想通了，又怎么会来这里呢？

哦，迟疑了一下，她小声说，有个叫阿莱的朋友说，我曾经受的伤可以帮助一位姑娘疗伤，我就来了。

是阿莱！

我辗转到这座城市时，天色昏暗，肚子饿得咕咕叫，遇到阿莱时，他给我端出一堆食物，我吃完了才告诉他，没钱付账。

他一摆手，信口说，那就住下吧，为我工作。

从那天开始，我告诉他，自己是个农村出来的姑娘，只有初中文化……

第二日清晨，前日来的那个男子又跑来，哎，我让你留意的事情如何了？

我告诉他，你帮我卖出一千杯无情水，真的想清楚了，我就告诉你。

他呵呵地笑着点头。

如果你为情伤了心，请来一碗伤心断肠汤，如果你因多情害人累己，请饮了这杯无情水。凡尘俗世，来来去去不过为的是个情字。若你身边有个爱人，请务必珍惜，否则，等失去的那一天，再来本店讨要怡情秘方，概不接待！

这是我新拟的广告，准备登在本地的报纸上，你觉得如何？

把平凡的日子过得像诗一样

———————— \\ ∨ // ————————

live every ordinary day
to be poetry

Chapter 11
你大胆地往前走，莫回头

　　吵架时天崩地裂，甜蜜时如胶似漆，一边忙碌一边感慨，苦为稻粱谋！此生最幸福的事，就是做爱做的事，爱有趣的人。我们可以闹、可以吵，却不提分手，怕一分手，从此再也找不到问候的理由。

致亲爱的你

你的眸子里有沁人心脾的波光，嘴巴肉嘟嘟的，坐在那里喝酸奶。喝着喝着，可能感到有些寂寞，抬头看看我，起身一屁股坐在我的腿上，胖乎乎的小手伸了过来揉捏我的耳垂，还放肆地用湿乎乎的嘴唇亲我一下。其实我想趁着在厨房洗碗的时候看看窗外，休息一下眼睛，让脑子发发呆。一回头，你拉开了抽屉，把一袋子咸鸭蛋扔在了地上，踮起脚尖来伸手在洗碗池里拨拉水，当啷一声，没等我反应过来，你抱在怀里的一个锅已经掉在了地上，不知何时，绿豆也被你撒了一地。我真想揍你一顿，可是，上上下下打量半天，都不知道从哪里下手好。

你已经可以自如地爬上沙发，拿起遥控器频繁换台。我们议论你的时候，你会睁大眼睛无辜地看着，想说些什么争辩，却又说不出口。在你到来之前，我会和他依偎在沙发前看电视，会拥着他入眠，我们会在床上打闹一番随即聊聊天，然后再睡。你不高兴睡自己的床，于是，只好把你放在我们俩中间，你像钟表一样肆无忌惮地转圈，我和他，被你分隔在两岸。对你，我有些不耐烦，想出去看电影、想喝个下午茶、想两个人小酌几杯……这一切因为有你，都变得不太现实。只要你看到饮料瓶或者啤酒罐，就嗷嗷叫个不停，一定要做出一饮而尽的姿态才过瘾，为了你，我们都不敢喝饮料、不吃垃圾食品。

有你之后，我开始气血不和，行动过缓，身形微微发胖，眉宇间生出疲倦的姿态。你爬高上低的本事见长，高兴的时候咯咯笑个不停，悲伤的时候哇哇大哭。不，也许你还不懂悲伤，你不开心的事情莫过于不许你吃自己最喜欢的葡萄，不准你到餐桌上去祸害，等等。记得你第一天来到这世界的时候，寂静的夜里，我和他都没睡，你的眼角流出两行泪。他说，哎，这样小的宝贝也流眼泪？我信口说，也许知道做人不容易，先哭一下再说。半岁时，给你拍照留念，摄影师问我，相册扉页上写什么，我说，欢迎你来到这个世界！嗯，欢迎你来到这个世界，希望你这一生愉快、健康！

你的姥姥对你寄予莫大的期望，比如当个医生、上个清华什么的，我说，没事，学习成绩不好就去当厨子，开个拉面馆挺好！我的话被全家人嗤之以鼻！嗨，我当年的学习成绩也不怎么样，所以我必然抱着绝对的理解和宽容对你，只要你尽力了，只要你快乐地成长为一个有修养、懂得去爱的少年，足矣！

他是你的父亲，为了你更好地成长，决定脱下自己喜欢的军装，来照顾我、呵护你。听说小婴儿来到母亲的肚子之前，会在天上看看，会选择自己认为最温暖的肚子住进去，谢谢你，选择了我做你的母亲。我和他的脾气很好，偶尔暴躁、爱吃、爱玩，我们没有香车宝马给你，但我们会努力给你一个温暖的所在，让你这一生回忆起家，都会充满力量和勇气。

很久以前，我想，我会在你到来之后写很多温馨的文字，可是，实际上你的到来带给我很多烦躁到抓狂的情绪，从身体到心灵，我无法一下子适应家里多出一个唧唧歪歪的小毛头。时至今日，你快一岁半了，我第一次有了写点什么的冲动。人的一生很长，长到长大时已忘了当初最快活的模样，所有人都可以原谅你的无理和任性，所有人都用最柔软的心对你，无论你大笑还是哭泣，无论你淘气还是乖巧，你都能在这世上撒欢！每当我在柴米油盐里变得惶惑不安甚至孤独时，都会想一想，哦，我竟然也有似你一般放肆的快乐时光，心情就渐渐明媚起来。

想你不要快快长大，这样，我的头发乌黑、嘴唇红润、笑容灿烂，他的臂膀有力、眼珠灵活，我们永远年轻、相爱。又想你快点长大，想知道你将来喜欢的职业是什么，喜欢什么样的女孩子，在哪一座城市生活，等等。哦，将来有一天我要做婆婆的，这念头一冒出来，算了，你还是慢慢长吧。

嗨，亲爱的，你有一天会看懂文字，也许会看到我写的这篇小文，不知那时你多大，在做什么。一看这文字下面的日子，居然是 2015 年的 7 月 28 日，会不会有穿越感？如果你也有机器猫

那样的朋友，会不会坐上时光穿梭机回来，帮我带一天顽皮的你，放我和他去看场电影呢？就这么说定了，不见不散！

做爱做的事，爱有趣的人

英杰当年想当医生，却阴差阳错上了土木工程系，毕业以后天天在工地灰头土脸地过日子，他颇感无奈，常感叹人生无常。

我曾经想过当考古学家，历经沉浮，如今却困守在家和单位之间，平淡而琐碎。

太多的梦想，焕发着五彩斑斓的光环，令人沉醉。当梦想落到现实里，往往天不遂人愿，最终整日做着的事，不见得是当初最向往的那一份工作。

有朋友长相不俗，又是硕士，英语和西班牙语说得比中文还顺溜。她能和我这种隔三差五泛起文学青年骨子里矫情劲儿的中年妇女大谈阳春白雪，也能和市场里的卖菜大妈大谈田地和收成，可是，偏生这么多年来孑然一身。

有时候会想，婚姻之于女人到底作用在哪里？一个性伴侣？还是需要一个人，孤单的时候做伴？原本赤条条来去无牵挂，偏生跳进婚姻里，有一个逐渐老去，也许不断乏味庸常的男人，还得再添一个令生活骤然鸡飞狗跳的熊孩子？这世界灯红酒绿，更多的女人可以经济独立，精神上也独立，但是，终究会感到孤独和焦虑，是因为累了想嫁人，或是想嫁人想到累？谁也说不清。终归是来这世上走一遭，无论肉体还是灵魂，从出生的那一刻，冥冥中就无所依，孤魂野鬼似的，非要到万丈红尘里奔跑，被另外一个人牵扯着，心心念念，为他哭，为他笑，为他颠沛流离，为他流尽一世的眼泪。

我问，你孤单吗？

她一笑，还好。

我经常充满负能量地给她讲述婚姻和孩子是多么令人烦恼，因为烦恼似乎更能引发倾诉的欲望。她却总是笑，哇，你别说得这么可怕，婚姻里还有万物生长的春天，还有快乐和希望。喏，当然是了，前日才看的一篇文章里写道：正因有了半夜孩子生病时，两人着急上火，疾奔医院的焦虑；正因有了面对恼人的婆婆或者憨厚公公时的苦辣酸甜……婚姻才有了岁月打磨后的厚重感，如果整日里只有甜蜜的爱情，只有你侬我侬，没有柴米油盐，那只是激情，向岁月偷情，最后只落得空泛的没有重量之姻缘。

这一生，最令人遐想不已的，其实只有简单的两句话：做爱做的事，爱有趣的人。但是，二十出头的时候，对一切都有一种不确定感，爱做什么，喜欢什么样的人，定居在哪里，等等，就像横行在人生路上的问号，等待着我一步步解开谜团，等到迷糊又神经大条的我终于确定下来，少女时代早已变成朦胧的影像，在婚姻生活中浸淫多年的妇人，任凭有再多感慨，似乎生活已经定型了一半。

就像英杰，明明老板常夸他心思缜密、细致入微，每一个数据都从不马虎，年薪几十万，他下班以后却常常捧着各种医学书看到夜半时分。

若问，你干脆辞职算了！

他又会毫不犹豫地回答，没有这份工作，怎么养活一大家子人啊？下辈子，一定当医生。

人生不如意之事十之八九，有机会做爱做的事是一种幸福，没机会的话，踏实生活，靠努力给家人稳定的生活，是另外一种踏实妥帖的感觉。

有趣的人其实是个很令人迷惑的话题，如同中餐的做法里，经常提到放盐少许——少许到底是多少？心神领会才能把握其中奥妙！有人喜欢胖子，戴个眼睛，文质彬彬；有的人则喜欢穿衣显瘦，脱衣有肉类型；有的人喜欢对方沉默、大气，认为这样的才有男子气概；有的姑娘却喜欢活泼的男人，最好经常讲点新鲜事给自己听听，生活才有乐趣……一千个人眼里有一千个哈姆雷特，一千个姑娘眼里有一千个有趣的绽放方式。看再多爱情宝典也没用，路，还得自己走。就像买鞋一样，买之前有很多条条框框在脑海中：想要小高跟、黑色小羊皮、脚踝那里最好有些装饰等等。走着走着，在一堆各式各样的鞋子里，忽然就对其中的一双怦然心动，没有早一步，也没有晚一步，更不需要问为什么。只需穿上试一试，到底舒服不舒服，合适不合适，就会做到了然于心。

然而，鞋子买错了，大不了舍弃旧的，再入手一双新的。婚姻里选错了爱人，伤心又伤肝。

所以，每每有朋友问我对婚姻的看法，我都说，婚姻多风险，入城需谨慎。

我终于可以不用再等你了

大概是西瓜吃多了，夜半时分，肚子一阵咕咕响，我起身上个卫生间。环顾四周，没什么异样，我熟练地在黑暗中穿上鞋，拿了点纸，坐在马桶上。回到卧室，看到月光安静地笼罩在你的脸上，我像是失忆一般，才想起床上还睡着一个你。你呼吸均匀，四仰八叉地躺在那里，我想笑，很贪婪地从你的额头、眉毛、嘴唇一一看了下来，又仔细想想，在自己的脑海中传达了一个准确的信息：是的，明天你不需要走，后天也不需要，大后天仍然可以留在我身边。我没必要担心家里晚上万一来了贼，把我先奸后杀闹出大新闻来，更没必要半夜起床不敢开灯，我可以肆无忌惮地放下所有紧张的神经好好睡觉，即便来了贼，你也会一跃而起抓住他！即便贼开溜的速度很快，你也会撵上他，谁让我找了一个5公里都只需要19分钟就跑完的兵呢？

我躺在床上，莫名一阵咯咯笑。你忽然醒了，问，笑什么？

哦，没事，想到你要脱军装了，幸福的。我抿嘴。

你的眉宇间锁着淡淡的忧伤，摆摆手，睡下。

那年，我们刚开始谈恋爱，我对聚和散的概念还很浅薄。开春时，你跟着大部队去拉练，你的小眼睛、单眼皮、洁白的牙齿天天在我脑海里清晰地跳跃，渐渐地，开始模糊。中秋节前夕，你终于回来了。我站在广场上等你，看见一个瘦猴子欢快地跑过来，恍如隔世一般，我终于明白，从我喜欢你的那一刻起，就注定了半生的聚散无常。

冬天，你送完老兵回来，眼圈红红的，说，兵娃子们走的时候，我们会去送，等我脱下军装的那一天，只是孤零零一个人，收拾东西默默离开。说着，你长叹一声，以后不去送了，搞得人太伤感了。

我安慰你，没事，你将来离开部队，我会去接你。

将来有多远？我无从想起！只是，时光沙漏般溜走，你参加演习、你带兵迎接考核、你加班到深夜、你坐火车去看我……你的眼角有了皱纹，你的皮肤变得干涩，你的肚皮上有了赘肉。在那个大雪纷飞的夜晚，我得知你坐的省际大巴在一座大桥上翻车时，泪雨纷飞地问你，难道就不能转业来我所在的城市吗？或者你干脆脱了军装多好？你沉默很久，词不达意地说，政委为了让我来看你，特意批准我提前两个小时走，他和嫂子也好长时间没见面了。

我知道你舍不得，那身军装给予你太多的人生转折和荣誉，你愿意为它奋斗，愿意为它耗损最美好的青春。我决定放弃了，虽然扔掉工作，没有养老、没有医保，可我愿意在你身边，至少可以每周都能见到你，哪怕只有一面也好。

你是一名普通的兵，不在涉密单位，更不在特种部队，你说，从前读书时，觉得最美的诗莫过于那句"醉卧沙场君莫笑"，而现在，到了机关，每天加班到深夜，就连路边的猫都知道我们1点多的时候会路过巷子口，它站在那里，我会给它带点馒头。但是，面对普通和琐碎的工作时表现出的承受力更能考验一名军人。我烦躁地说，你首先是男人，其次才是一名军人，别和我说那些有的，没的。

我很想做个识大体、顾大局的女人，一年和你见一两次也无所谓，订婚宴上你电话响了即刻奔赴部队我也不会难过，结婚时没有蜜月更加云淡风轻；我也想做个坚强的女人，心情不好时你不在身边我积极自我调节，孤单时约上闺蜜就当自己单身，生孩子时，你被派到军区学习不能照顾我们，我亦不悲不怒……可我是个普通女人，由青春年少时等你，一直等你，那份煎熬让我已经实在有些支撑不住，开始烦躁不安。

是的，我怎么能不烦躁呢？每个夜晚，我都认真检查门窗，保持一个睡姿到白天，生怕有个什么闪失。怀孕时，每一次产检，都是自己一个人早上6点多就起床去排队。我挺着肚子来来去去，见到的人都同情地说，军嫂不容易啊。当初带着对爱和婚姻的憧憬走进婚姻，幻想着有一个温暖的小家，有我爱的男人呵护我，疼爱我，现如今，除了坚强，还能怎样？我渐渐地有些失望甚至麻木，有天晚上胸口忽然憋闷，最近的医院离家还有三站路的距离，我几乎准备提着包自己去生孩子了，肚里的宝宝也许知道你回不来，逐渐乖乖地睡了。

每一次你走时，我都站在窗口瞭望，看着你穿着军装匆匆地回头，然后冲我挥手，再回头，飞奔而去。

每一次你回家之前，我都兴奋得不能自已，准备好水果、点心、茶，打扮得漂漂亮亮的，想到可以和你吃早餐、吃中饭、吃晚餐，我就开心得要命。

我特别喜欢和你一块出去，随便干点什么，逛公园、逛商场、去超市，我紧紧挽着你的胳膊，偶尔摸摸你黑黝黝的脸，我的脸庞发红、心脏加速跳动，恨不得向全世界宣布，我的他今天休假，回来陪我了，哈哈哈哈！

可是，你那么忙，要考核、要写材料、要训练、要学习……我不忍心打扰你，不忍心让你陪我看电影，其实你看着看着就要睡着了；不忍心让你听我海阔天空地说自己想告诉你的事情；更不忍心让极度缺乏睡眠的你强打精神陪我，所以，你回家、换鞋、脱掉军装扔在沙发上，吃完饭很快躺在沙发上睡着了。我依然是一个人，只是，房间里有了你的呼噜声。

有人说，这个世界上，即使最幸福的婚姻，一生中也会有 200 次离婚的念头和 50 次想掐死对方的想法！

虽然我喜欢写作，我却不是文艺青年，我仅仅想要一个丈夫，可以见面、可以面对面吵架、可以说些情话、可以相互发发牢骚。我不指望你爱我的全部，因为我这个人毛病挺多，方向感差，家务活做得不利索，等等。等了你这么多年，始终还是等待着。人们都说，生活嘛，就是这个样。老夫老妻地过日子就行了！我和你，连真正的蜜月都没有，一个电话，你就立刻奔赴部队了。我想烦你，像很多柴米油盐中日久生厌的夫妻一样讨厌你，不想见你，可我做不到，因为我们见面的机会实在太少，根本没时间对你生出厌烦的心来。

多炙热的爱情都会在烟火色中颓败！我的一位闺蜜常常这么说。

从前我坚定地反对这句话，因为我和你始终爱得如火如荼。但是，等我一个人躺在医院的病床上，小腹的刀口火辣辣地疼着，饿得筋疲力尽时，我第一次有了掐死你的想法！

我恶狠狠地和你吵了一架，并且告诉你，我等够了，等烦了，再不回来，咱们就分手！

还是舍不得用离婚这个字眼，我冷眼旁观，你骑着自行车去买菜、炖汤、洗衣服、照顾孩子，你大汗淋漓又眼神怯弱，你想用行动表明，你爱我。

我决定走了，今年！你低声说。

我惊喜地问，真的？你不后悔？

你笑了笑，你跟了我13年，受了太多苦，我想回来，帮着你带带孩子，顺便照顾你们母子。

瞬间，所有的剑拔弩张都消散了，我的心隐隐作痛，认真地说，不，你要是确实想继续干下去，我会支持你的。有些话，我就是生气了说说，你别在意。

不，我想好了，在部队 20 年了，青春都献给部队了！呵呵，趁着我没有年老色衰，你还爱我，快点回来陪陪你。现在，你想去哪儿，想吃什么，统统告诉我……你歪着头，目光里涌动着炙热的光芒。

我几乎不敢相信自己的耳朵，嚯的一声从床上起来，想要流泪，又不敢，怕你认为我舍不得让你脱下军装。

你是粗糙的，炒菜时经常把没洗的蔬菜切了就扔到锅里；你又是细心的，常常记得我来大姨妈的日子。你时不时惹我哭一场，要么是因为喊口号时练出来的鬼哭狼嚎般的大嗓门，要么就是为某个问题一根筋似的争论不休惹怒了我，我常常想，到底喜欢你什么啊？这个小个子、小眼睛、小脑袋的家伙，我又不是制服控，对你的军装毫无感觉，到底你哪一点吸引我呢？也许爱情根本就是没有理由的，也许是你约会时傻乎乎穿着迷彩服，里面还打个领带的憨样子；也许是因为我随口说了句想吃宁大附近的爆米花，你就连夜买了送到我嘴边；也许是我痛经时，你亲手打来的一盆洗脚水；也许是你口才比我这个学中文的还好，上知天文下知地理，歪理一堆让我常常笑个不停……

谢谢你！我抱着你，千言万语只剩下这一句话。

你要回来了，我的脑袋嗡嗡作响，浑身发抖，还是不敢相信期盼了这么多年，终于美梦成真。

我曾经骂过你，本姑娘嫁了人就跟单身一个样，搞得单位不认识我的大姐都要给我介绍对象了！家里家外有什么事都指望不上你，我差点就既杀得了木马又修得了马桶成了十项全能，我多么希望自己什么都不会，柔弱地等待自己的男人来搞定生活里的一切。

你笑笑，说，等我。

在我对部队一无所知的时候，你告诉我，等我，等升到副营就轻松了，有空陪你了。

可你到副营时，忙得四脚朝天。

你又说，再等等，到正营就好了，正营可闲了，有很多时间和你在一起。

于是，我又抱着信心等待。

你到正营时，忙到每天晚上 12 点都还需要加班。

我骂你是骗子，你笑着解释，等我到副团就好了……

我又开始等……

你一步步往前走，岁月在我的身上逐渐留下痕迹，我不再问你什么时候有时间了，默默地等待也许是我的宿命。

母亲确诊为癌症的那一天，我躲在门诊楼边哭得天崩地裂。

你说，没事，一切都有我。

你带着我们到附属医院、西京医院、肿瘤医院等地方奔波，你打电话给各地的战友请他们帮忙，你在每个夜晚离开病房之前都打水侍奉母亲洗脸、洗脚。

我曾经烦过你，怨过你，也曾想过，如果今生没有遇到你，哪怕嫁给一个平凡的男人，过着柴米油盐的日子，天天见面也是好的，起码不用受这么多年的煎熬。可我踏踏实实爱你，喜欢你干练的男子气息，喜欢你豁达、开朗的模样，不在乎你没房没车，只是单纯地爱着你，这世上唯一的你！我曾恨过部队，讨厌听到关于部队的一切，因为那个叫部队的地方把你牢牢地拴在那里，就连食堂里的猫都能天天见到你，而我却不能。现在，你要走了，脱下穿了20年的军装，蓦然回首，我惊觉，不知何时，自己深深爱上那抹绿，走到街上碰到个穿军装的，目光就一直追随着人家直到消失不见。路上遇到军车，会很亲热地对着车里的人莫名露出笑容……不得不承认，你的磊落、干练、训练有素、周到有礼等足以吸引我的特征，都是部队给予你的。而我，在等待的日子里，变得独立而坚强，这，也是部队给予我的。无论恨或者爱，融入血液当中，此生唯有部队，那些当军嫂的流年，此生难忘。

十三年前，我身形摇曳有致，脸蛋青涩。想和你去朝鲜看山玩水，想和你秉烛夜谈，想和你一起吃很多好吃的，踏雪寻梅。

十三年后，我需要擦粉底液才能使肤色均匀，胃口开始变得不好，身体微微发胖，我们没有机会去朝鲜，也没时间去做些小情小调的事情。

我站在医院门口，看着你从人群中穿过，远远地冲我招手，身旁车水马龙，你的笑容春风化雨一般。

身旁有一对情侣在聊天……

哎，瞧，人家可以住院了啊！军人优先呢！

是吗？羡慕啊！

要不，你以后去当兵吧？

咦，我不行。只能等下辈子了。军人很辛苦的，当军嫂更苦，你不怕啊？

……

我想告诉他们，其实我们也等了大半个月才住上院的。可小小的骄傲和激动让我迫不及待地迎上去，因为你就在前方，辛苦了 20 年的老兵，欢迎你回来！

到年底，你就正式脱下军装了！我时常不敢相信你确实已经回来了，偶尔偷偷打量你，哦，真的在我身边，真的可以一起吃饭、睡觉、买菜，原来年少时盼望的听风沐雨、风雅乐事比不过人间烟火的璀璨，我的幸福，是你驻守在身边！

怕一分手，从此找不到问候的理由

前些日子，同学群里都在讨论当年哪一对校园情侣后来修成正果了，我兴冲冲地说，林欣然和关朝峰肯定在一起吧！

结果，群里顿时沉默了。

林欣然大学毕业后在遥远的广州生根发芽，所以，我对她的印象只停留在当年和关朝峰轰动一时的懵懂恋情上。

我和他早就分了！欣然淡淡地在微信上说。

林欣然和关朝峰是一对典型的欢喜冤家，欣然爱臭美，关朝峰喜欢踢足球，两人会为了女生留长发好看还是短发好看爆吵一架，还会为西安的肉夹馍好吃还是银川的肉夹馍好吃冷战几天……上一秒，我们都劝哭红了眼睛的欣然，先别着急提分手，再沟通一下嘛，下一秒，林欣然已经长裙飘飘地挽着关朝峰的胳膊在校园里秀恩爱了。

我们分手吧，彼此真不是一个频道的人！

你不知道我最讨厌女生磨叽吗？分，这次说什么都得分！

……

分手，是林欣然和关朝峰挂在嘴边的话。那时，青春年少，从不怕说分手，因为知道即便说了分手，一转身，爱情仍旧站在转角处等候着我们从心的一端将它拿出。

毕业后，林欣然想去广州投奔舅舅，关朝峰则更愿意回西安发展，她说他自私自利，他骂她只想着自己，分手说了一次又一次，最后的一次，林欣然半年都没和关朝峰联系。

他们俩的分手节奏一般都是这样的，相互对骂、相互在网上拉黑对方、不接电话、不回短信，某个瞬间，林欣然会杀上门去狂骂一顿关朝峰为什么要吃方便面，为什么不接电话，为什么不刮胡子，一副作死的样子，等等，然后骂着骂着，就和好了。林欣然也以为这次依然如故，所以她像空气一样从关朝峰的生活中消失掉，她悄悄地到西安后给关朝峰打电话，林欣然想问问，你想我了没有？她以为他们还像从前一样，只需要一个电话就能回到从前。然而，手机里传出一阵歌声：

我知道你我走到今天

却不能白头到永久

我知道我们彼此相爱

却注定要分手无缘

我知道太多的付出

让你为爱而憔悴

我知道你的离去

让你无奈掉下眼泪

找个好人就嫁了吧

……

再一检查，关朝峰在微信、QQ以及微博上都拉黑了她，听说，他已经结婚了！

林欣然没有再死皮赖脸地去刨根问底，因为他们之间已经有太多次离别和相聚、分手和和好，她呆呆地听着那首歌，任凭泪水肆意地流淌。

后来，西安这两个字成了林欣然心头的刺，每一次路过这座城市，她都会想起关朝峰，也想知道他过得如何。可是，一旦分手，两个曾经如影随形的人，一起去过的面馆、一起逛过的公园、一起看过的某部电影，曾经密集的影像忽然像断了线的风筝，戛然而止，居然再也找不到问候的理由！

人都说，一别两宽，各生欢喜。分手后，各自有了不同的圈子和生活轨迹，再碰面，只能是熟悉的陌生人。

所以，别轻易说分手，爱情就像青春，总嫌弃自己长不大，总喊着要变得更加成熟，走着走着，一回头，发现青春已经走远，再也回不去了。

都说这世间最悲哀的事莫过于男友结婚了，新娘不是我。

冯娟娟倒是轻松，初恋男友谢浩结婚以后，他们俩还经常联系，相互在朋友圈点赞，偶尔吃饭聚聚。她经常对别人说，谁说分手以后不能做朋友？我和谢浩就是好朋友嘛！最重要的是，冯娟娟和谢浩的妻子陆云也成为了闺蜜，她们经常凑到一块逛街、喝茶、聊天，冯娟娟一度最引以为豪的事就是和前男友两口子友谊的小船发展壮大为巨轮！

直到有一天，冯娟娟周末无所事事再次给谢浩打电话时，接电话的是陆云，她幽幽地说，娟娟，谢浩是有家有口的人，我们比不了你一人吃饱、全家不饿，我们家小祖宗周末还上早教班呢！行了，他今天没空陪你去游山玩水，挂了。

一向大大咧咧的冯娟娟愣住了，眼前闪过有一次吃饭时，陆云说，谢浩这个人哪里都好，就是粗心，刷好的碗筷上面经常都能找出菜叶子来。而她立刻嘻嘻笑着说，谢浩有时候也挺细心的，我来大姨妈的时候啊，他还记得给我冲红糖水呢。当时，陆云的脸色就有些阴晴不定，而冯娟娟自恃和谢浩是铁哥们，没往心里去……

晚上，谢浩给冯娟娟坦白，娟娟，我们还是别再来往了。原因我就不说了。

冯娟娟呆呆地对着手机坐了一个晚上，想起当初她和谢浩如火如荼地相爱，随着两人工作的调动而分手。分手的时候，谢浩问，你恨我吗？冯娟娟红着眼圈答，不。

谁都想拿得起、放得下，从此后各生欢喜。只是，她看着陆云和谢浩打情骂俏的样子，不知不觉就被惆怅堵到胸口，乃至呼吸不顺。谢浩听到她去相亲的消息，总是酸溜溜地旁敲侧击，说婚姻有毒。

真正有毒的，是爱情吧？曾经深入骨髓，又怎能抽丝剥茧一般把记忆全部清空呢？

也许，分手之后，最好的相处方式，就是把对方放在心的一角，不再打扰。

曾经看过一个很多人都参与的问答，问的是分手以后知道前任结婚了，最想对他或者她说的是什么。

有的答，不想知道，别请我参加婚礼。

还有一个人的回答在众说纷纭中显得寂静且冷清，只是简单的一句话而已——今生今世已惘然。

情到浓时，何曾想过分手后会是什么样的情形？因为没分过手，所以想象不到分手代表着什么！随便一个什么理由，都可能说出分手的话。结婚以后，知道了离婚要面对扯不清的各种关系和利益，因此，很多人，尽管还没有分手，实际上，已经是各自有一片天地。

别轻易说分手，分手以后，可能连问候的理由都没有，可能就此变成熟悉的陌生人。

李芬芳的银川爱情故事

李芬芳之所以叫芬芳，是因为她从小就爱臭美，上初中那会就偷偷去烫头发，还涂唇膏，还爱上网。

有一次，她从网吧出来的时候正好碰到上早班的她的爸爸李传山，被逮住一顿好打，整个小区都能听到芬芳鬼哭狼嚎一般的叫声。

李芬芳葱段似的，白嫩白嫩的泛着水灵劲儿，一点都不像西北女孩子。正因为长得好，初中毕业她就不想上学了，闹着要出去打工。

李传山早就看出这丫头贼眉鼠眼的，像是受了谁的蛊惑，果然，学校放学以后，李芬芳和沈钊悄悄拉着小手的场景就被李传山尽收眼底。一打听，这个叫沈钊的小子学习成绩一塌糊涂，准备跟着他爸爸到银川的工地打工去！

李传山一向都是闷声不语的老实人，他最在意的就是李芬芳这个老小，姑娘还没长大，翅膀就硬了，这还得了？李传山气炸了，没等李芬芳回到家，就拿了一把剪刀冲过去恶狠狠地把她按倒，咔嚓几下，李芬芳摇曳在肩膀上的马尾就掉了下来。

你干什么？李芬芳猝不及防地倒在地下，受惊之后，眼泪喷涌而出，大声哭喊着。从那以后，她对李传山总是直呼其名。

李芬芳就算只穿着一件白衬衫，也光芒四射，这一点让我们大家都隐隐相信，她太招人。果然，和沈钊的恋情被发现后，李芬芳索性三天两头朝他家跑。沈钊家有一个大大的果园，每年四月份，雪白的梨花一簇簇的在枝头绽放，好看得很。

一个雨夜里，正要出门的李芬芳被李传山再次抓了个现行，李传山和李芬芳的姐姐李大芳联合起来用绳子把她捆好锁在卧室里。李传山吼着，我们老李家没你这种丢人现眼的东西！

我们俩什么都没干，就是看书聊天来着！李芬芳哭着辩解。

她不解释还好，一解释就被李传山认为是顶嘴，又招来一顿好打。

李传山一度认为李芬芳肯定干了见不得人的事情，丢了他的脸面，几次三番地来找我老妈商量，要把李芬芳送到新疆的亲戚家。

直到沈钊跟着家里人去了银川，李传山才放弃了这个想法。

银川是省城，地方大、人又多，料想两个屁大点的孩子也不会再出什么幺蛾子。

李芬芳从那以后，对银川有了特殊的好感，总问我，银川有什么好吃的、好玩的？啥时候咱们一起去逛逛就好了！

坦白说，我对李传山这个人没什么好感，一棍子打不出一个屁来的人，一到我家就到处挑刺，不是说我走路腰来腿不来，就是嫌我慢腾腾的一点都没个利索劲儿。不过，他过得不容易，我是知道的。李传山早年在煤矿当工人养活一家子，直到几十岁了，才回城里，谋了一个保安的职位。听说他老婆当年在农村干活时不知因为什么事和别人打架生了闷气，后来一生气就乱发脾气，以至于离家出走，到处乱跑。李传山没嫌弃他的疯老婆，蒸馒头、熬稀饭、炸油饼……从前什么都不会做的人，倒是煎炸烹煮样样精通了。一家子的生活都靠李传山那点工资，再说，没有了他压着，都不知道李大芳和李芬芳这姐俩闹腾成什么样呢！

在一个春寒料峭的早晨，家里的电话刺耳地响起，说李传山在过马路的时候出车祸去世了，人已经被送到殡仪馆了！

他耳朵背，行动迟缓，经常呆呆的，医生曾经建议他装一个人工耳蜗，可是，一大家子人要吃喝拉撒，哪有那个钱啊。

万万没想到，他竟然……

人就是这么奇怪，李传山在世的时候，我老烦他，悄无声息地就来了，大口吃饭，吃完嘴巴一抹，就睡在我的小床上，鼾声震天。等我下午放学回到家，他早就回去了。

可现在，他忽然去了另外一个世界，我和其他人一样，被这个消息惊得语无伦次，只剩下撕心裂肺的哭声似乎才能表达我们的悲痛。

李传山去世以后，李大芳很快嫁了人，把她妈接过去了。

我家在那一年搬到了银川，李芬芳一个人去了西安，听说在一家大型超市里当售货员。

李大芳幽幽地说，我爸希望她上大学的，可惜了。

有一次，我去新华街买东西，在熙熙攘攘的人群中，忽然看到李芬芳挽着一个男人的胳膊亲昵地站在马路对面。那确实是李芬芳，没错，皮肤白皙，个子高挑，顾盼生辉的样子让人只需一眼就能把目光牢牢锁定在她身上。

不是在西安吗？怎么出现在银川了？等我火急火燎地跑到马路对面时，李芬芳却不见了踪影。

李大芳接到我的电话时，气得嗓子都冒烟了，上次就有一个人说在银川见到芬芳，没想到是真的！回来了就和家里人说一下呗，姑娘大了，找对象是理所当然的事情，谁还能拦着啊！

下午，李大芳的电话又来了，她的大嗓门呼啦呼啦的就像西北风从耳边刮过，把我的五脏六腑都填得满满的。

原来，李芬芳挽着的男人叫刘启明，今年40岁了，不仅离过婚，还有个孩子！他们是在西安遇上的，李芬芳知道亲友们肯定不会同意她找一个离过婚的男人，就悄悄地跟着刘启明回到银川。

王八蛋，他敢诱拐我妹妹，看我怎么收拾他！李大芳说，打听到刘启明在新市区开了一家店，她这就叫人过去砸了它。

李大芳那火暴脾气能做出什么事来，我不敢想象，于是，放下电话，我立刻打车往新市区赶。

刘启明开的是一家火锅店，装修豪华，看上去很上档次。

李芬芳见到我时很惊讶，叫了一声，姐！

我连忙把李大芳要杀过来的消息告诉她，李芬芳明亮的眸子里蕴满了雾气，她咬着嘴唇，苦笑了一声，说，我就是喜欢他，怎么了？我不介意他离过婚啊！

说话的工夫，李大芳带着他老公的几个老乡就闯了进来，刘启明你给我出来！王八蛋，滚出来，我妹妹今年才21岁，你他妈的算哪根葱，一大把年纪了，也不撒泡尿照照自己，配得上我妹妹吗？说罢，李大芳率先举起一个凳子就朝玻璃窗砸过去，哐啷一声，周围的人很快挤满了店面等着看好戏。

你干什么？我们俩是光明正大地谈恋爱，我是自愿的！李芬芳的脸窘得通红，连忙冲了上去。

李大芳愣住了，她又问了一句，你说什么？

我是自愿的，我喜欢刘启明，是我先追的他，行了吧？李芬芳一开始一个字一个字地往外蹦，后来，干脆抬高了嗓门，把话敞开了说出口。

啪的一声，李大芳给了李芬芳一记闪亮的耳光，你这个不要脸的小婊子！咱们走，我再没你这个妹妹！

李大芳风一样来，又风一样去，我惊魂未定地看着满脸泪痕的李芬芳，不知道该说什么好。

那个叫刘启明的男人直到现在才从楼上下来，他对围观的人群挥挥手，都回去吧，是家事，家事，好吗？

启明，对不起，我姐姐她……李芬芳见到刘启明时，嘴角立刻挂上温和的笑容，就连眼神也变得温情脉脉，刚才紧绷着的线条显得柔和而旖旎。看得出，她是真心喜欢他的。

我悄悄退了出来，打车回家。晚上，我给李芬芳打电话，把我这个过来人的种种忧虑都摆出来：银川现在好点的房子一平方米都过万了，他能给你买房子结婚吗？他和前妻的关系理清楚了吗？确实离婚了？他的孩子能接受你这个后妈吗？

李芬芳发来一个笑脸，说，姐，放心吧，我爱他！

那，你在他店里收银，他给你工资吗？我不放心地问。

我以后都是他的人了，他的钱都是我的钱，嘿嘿！李芬芳答非所问地抛出一句。

儿大不由娘，况且，我只是李芬芳的表姐而已。她一心喜欢刘启明，咱还能说什么呢？自从李大芳上次带人去闹过一次之后，李芬芳彻底和这个姐姐闹崩了，偶尔回去，也就是看看日渐衰老的疯娘而已。

我断断续续地从微信上知道，李芬芳跟着刘启明到香港玩了一趟，李芬芳住院了，她好像流产了……最后一条消息只有寥寥几个字：他结婚了，新娘不是我。

我给李芬芳打电话打不通，又给李大芳打过去，耳边立刻传来洪钟一样的声音，王八羔子，找借口说做生意赔了钱，回了一趟老家回来就娶了别人！很快，她给我发来一段视频，并且附着一句话，哈哈，看咱芬芳，是条汉子！

我点开视频一看，音乐声中，穿着婚纱的新娘和一身西装的新郎款款走来，新郎不是刘启明又是谁？正当新人给宾客敬酒的时候，李芬芳出现了，她脱下高跟鞋朝着刘启明扔过去，骂道，你个骗子，从此以后，姑娘我再也不认识你了！

不知为什么，我竟然也跟着哈哈笑起来。

开启了连环夺命 call 的模式之后，李芬芳的电话终于通了，我约她明早到西门桥头吃羊杂碎，她笑着答应了。

北方的初春，清冷的空气里，李芬芳穿着一条碎花长裙，外面套了件黑色的小皮衣，轻启红唇冲我笑着招手，姐！

我打趣她，你这哪儿是来吃羊杂碎的啊，纯粹是撩人的嘛！

哈哈，我现在单身啊，需要有新的追求者出现！李芬芳嘿嘿笑。

过了些日子，李大芳说，小磊找到工作了，跟着老板跑到北京去办事了！

我吃了一惊，小磊是李大芳的独生子，刚从技校毕业，怎么这么快就找到工作了呢？

芬芳当年和那个沈钊的事情你还记得吗？李大芳笑着问。

记得啊，听说那小子后来自己开店，混大发了。沈钊的名字随着李芬芳的青春往事呼啸而来，我不由自主地感叹着世事弄人。

早知道就让芬芳和他好算了，唉！李大芳叹了口气。

那他……我想问，沈钊现在结婚了吗？要是单身该多好，那这两个人真是老天的安排啊。

结婚了，老婆又胖又丑。李大芳的口气酸溜溜的。

我哈哈大笑，说，你当年，哎，算了，不说了。你要和芬芳说，不能干那事儿啊，啊？

李大芳自然知道我指的是什么，她的叹息声轻烟一般的传到我耳畔，说，我叮嘱过了，芬芳说，她和沈钊只是朋友，绝对不会干破坏别人家庭的事情。

周末，听说中山公园的旋转木马要拆，李芬芳约我一起去逛。她坐在旋转木马上发呆，银川这么大，不知道会不会遇到我爱的人呢？远处，天空是一望无垠的蓝，明澈照人。

当少女变成生活的模样

我爱臭美、爱吃、爱旅行、爱幻想，哦，还爱看美女和帅哥！

少女时期，有平坦的小腹、满脸的胶原蛋白、强大的胃动力，可以肆无忌惮地吃各种美食，然后，很快消化。而今，眼睁睁瞧见眼角的细纹肆虐，腰间的游泳圈起起伏伏，晚饭稍微多吃点，胃就开始隐隐作痛……当爱情落入尘埃，当少女变成生活的模样，柴米油盐似乎一度成为主题。曾几何时，我从不谙世事到开始关心市区的房价，留心哪家的西瓜最甜、谁家的大米最香，哪一个巷子里有宝贝爱吃的点心，劳累一天，晚上居然梦到自己在意大利的小镇上吃冰淇淋，身边有个帅哥对我大献殷勤，咯咯笑醒，才知道是个梦。

想做一个从容、淡定的女子，温柔、谦和，永远有明媚的笑容，摇曳生姿，可是，我却是个风风火火的人，走路快，吃饭快，说话也快,着急起来会爆粗口,高兴起来呱唧呱唧笑个没完。记得上大学时,一到考试之前的那段日子,大家就整天待在图书馆里温书。有阵子频繁有男生找我搭讪,闺蜜说,你命犯桃花,一定要在气质和仪态上再上一个台阶,才好以更优美的姿态遇上今生的真命天子。于是,为了训练我的淑女气质,特意冲了咖啡带到图书馆。当然咯,一名淑女,必定笑不露齿、端庄大方,吃饭喝水都慢条斯理才好,我也很想成为这样一个人。在宿舍练习了N次,在图书馆里,喝咖啡时居然还是发出了咕嘟咕嘟的声音。我直嚷嚷再也不干这种无聊的事情了,就让我自生自灭吧!后来,遇到某人,才知道,好的爱情就是两个人在一起时,很舒服,不必刻意去做些什么,彼此的优点和缺点相互碰撞时能够以很契合的状态融入对方。

每天,都有很多朋友在微信公众号的后台给我留言,讲述他们的爱情故事。有一位女孩发誓今生非医生不嫁,一再问我,如何能接触到医生?还有一位姑娘喜欢军人,说根本不想考虑其他行业的人。我的生活圈子里,方圆百里都是军人和医生,所以,为她们的可爱而感动。

你打开医院的官方网站,看哪位的长相能入眼,就挂他的号到门诊看病啊。门诊不在,就到病房守株待兔。几次三番,他又不傻,还不明白你的意思吗?

喜欢当兵的啊,你在西安啊,到四医大门口打开手机摇一摇或者看看附近的人，很容易就碰到了啊。

我开玩笑地打趣她们，然后又很认真地说，你得先爱上他们的人，才能更好地融入他们的生活。无论是穿制服的，还是其他行业的，他们只是普通人而已，别被外在的光环迷住眼睛。万丈红尘里，多少男女一生都在寻找爱情，走着走着，下意识地开始焦灼、烦躁，有的人与真爱擦肩而过，有的人得遇良人，尝尽悲欢离合，品味过聚散无常，等真的成熟、真的长大，才明白最真的爱其实润物无声！

当少女已经变成生活的模样，虽然眸子里褪去青涩，虽然操心起柴米油盐，但至少还有梦想和爱情支撑我们鲜活地在鸡零狗碎的世间行走，直至生命的终结。

愿这本书能在你劳累一天回到家时，在安静的夜里，让心沉淀下来，通过读他人的故事，修炼自己的内心。

感谢一直以来支持我的朋友们，有你们的鼓励和包容，我才有动力继续前行。

更加感谢那些愿意将自己的故事交由我写出来的朋友们，谢谢你们给予我的信任。

我的微信公众号是：翠脆生生，希望在文字里与你们相聚！